U1015452

阅读树

READING TREE

个人阅读力升级指南

徐玉贞◎著

中国经济出版社
CHINA ECONOMIC PUBLISHING HOUSE
北 京

图书在版编目（CIP）数据

阅读树：个人阅读力升级指南 / 徐玉贞著 . -- 北京：中国经济出版社，2021.9（2023.12 重印）

ISBN 978-7-5136-6579-7

Ⅰ. ①阅… Ⅱ. ①徐… Ⅲ. ①读书方法 Ⅳ. ① G792

中国版本图书馆 CIP 数据核字（2021）第 159997 号

责任编辑 葛 晶
责任印制 马小宾
封面设计 久品轩

出版发行 中国经济出版社
印 刷 者 北京建宏印刷有限公司
经 销 者 各地新华书店
开　　本 880mm × 1230mm 1/32
印　　张 7.125
字　　数 148 千字
版　　次 2021 年 9 月第 1 版
印　　次 2023 年 12 月第 2 次
定　　价 48.00 元
广告经营许可证 京西工商广字第 8179 号

中国经济出版社 **网址** www. economyph. com **社址** 北京市东城区安定门外大街 58 号 **邮编** 100011
本版图书如存在印装质量问题，请与本社销售中心联系调换（联系电话：010-57512564）

版权所有 盗版必究（举报电话：010-57512600）
国家版权局反盗版举报中心（举报电话：12390）　　服务热线：010-57512564

他序

玉贞将她的新作《阅读树：个人阅读力升级指南》发给我，请我为她的新书作序。我愧于浅陋，已久不为人作序，但认识玉贞十年有余，深知她做阅读推广事业的努力与辛苦，也多次参加过她组织策划的读书活动。她以对事业的执着和对阅读的热爱写作了这本分享阅读动机、经验与方法的书。这本书读完，有些内容我也深以为然，觉得颇有收获。

我的系统阅读是从大学时代开始的。我学的是中文专业，当时学校发了推荐阅读的书单，我就依照书单一本本读。这个阶段的大量阅读，至少让我对外国文学和中国文学有了一个相对完整的认识和了解，也从中找到了自己喜欢的许多作家，比如巴尔扎克、托尔斯泰、鲁迅、沈从文等。从那时开始，我的阅读视野越拓越宽，读的书也越来越多，涉猎了历史、哲学、艺术等很多个门类。有很长一段时间，我读书就像扫雷，喜欢的作家，我会尽力搜罗来他全部的书通读一遍，试着描摹出一个作家的写作之树，它的根在哪儿，扎得多深，枝叶怎样散开，果实是什么味道。这个阶段的阅读对我后来的创作颇有帮助。很多人会说，读书有苦有乐，我没有苦的感觉，我的阅读体验一直很愉悦。

玉贞这本书，不仅分析了阅读的不同动机、阅读时存在的六大问题，指出了克服阅读障碍的两条道路，而且分享了“讲书”的方法。这本书谈的是阅读，其中更有对心理学、教育学、经济学，甚至日常生活知识的综合运用。正是通过广泛地学习与阅读，深入地观察和思考，玉贞在这本书里，做到了围绕阅读这一主题，系统科学地论析读与用的方方面面。这本书还着重写到，在阅读过程中体验阅读乐趣的重要性。在培养阅读习惯的前期，以兴趣为“引子”将人们带入阅读；在阅读习惯养成的中期，收获的乐趣吸引人们逐渐深入；当阅读变成自己的生活方式之后，阅读的乐趣在于与不同的作者对话。这一点可以从古今大学者或文学大家身上得到验证，无论是写出“腹有诗书气自华”的苏轼，还是提倡读书六法的朱熹，个个嗜书如命，之所以能如此，读书的乐趣定是原因之一。现在很多人工作压力比较大，没有养成阅读习惯，体验不到读书之益，人生不免少了很多乐趣。我现在最大的爱好依旧是读书。几乎每天晚上，我都会拿起纸质书来读一读，有时兴起，一个晚上也要读两三万字。读书累了，我会再写一写字，日日如此，便是好日子。

阅读与写作一样，需要安静和沉潜。我曾经在一场讲座上说过：“抵御浮躁的定力，来自对阅读的虔诚；创作作品的功力，来自对文字的敬畏。”早几年，我偶尔看到玉贞发朋友圈，用字不够严谨，有时过于随意，便会善意地提醒一下她。当然，这也是老夫多管闲事。好在玉贞并不见怪，还说她一直记得我的提醒，哪怕是发朋友圈，也时时注意遣词造句，在日常生活中保持使用文字的好习惯，在写作中就能更好地驾驭文字了。如今过去了几年，再读她的文字，果然又有不同。一个使用文字来表达的人，没有对文字的谦恭与敬畏，没有对语言的反复斟酌，要写出好的作品是不容易的。

独阅乐不如众阅乐。《阅读树：个人阅读力升级指南》一书是玉贞多年在阅读这一领域苦心学习、探索、实践的思考与经验的结晶。但愿更多的人把阅读变成自己的生活方式，感受阅读之趣，收获阅读之益，是为序。

2021 年 6 月

自序

让阅读继续，让改变发生

阅读真正的价值是什么？

是让坚持继续，让改变发生。

有一次，我去电视台做一档节目，想为即将开发的阅读平台寻找投资，投资人和各大知识付费平台的高管都提出了非常尖锐的问题。

其中有一位嘉宾说：“阅读习惯都是从小养成的，成年人很难再培养阅读习惯了。”他的话反映的就是我们现在看到的这个浮躁的世界——人们缺乏阅读兴趣的现状。人生百年，如果我们那么早就放弃了改变，岂不是非常无趣？

还有一位投资人说：“姑娘，不要去做改变别人的事业，那是非常艰难的事儿。这些年我一直想改造我的太太，但最终还是她改造了我。推广阅读是一门改造别人的生意，这样的生意太难做；而且你做的是平台，没有资本的注入，你根本烧不起。”嘉宾的话很诚恳，我非常理解，也深有体会。

面对投资人和嘉宾的质疑，我是这样回应的：

“从投资和商业运作的角度来讲，我的确是选择了一个费力且不刚需的市场，很多人不看好。但是，又有谁说创业就一定要做成第二个阿里巴巴或第二个腾讯呢？对于我来说，推广阅读、做一件小而美的事情，只是为后续业务的拓展打下坚实的基础。‘只要功夫深，铁杵磨成针’。我始终坚信，随着物质生活越来越富足和精神需求的不断增长以及经验的持续积累，阅读也有可能长成一棵参天大树。”

资本是喋血的，投资人和阅历丰富的嘉宾都希望自己投资的对象是马云，能够获得惊人的收益。同时，他们否定遇到的绝大部分人，认为他们大多碌碌无为。我想说的是，要想找到马云这样的人，你首先要相信他，他才有可能成为马云。千里马和伯乐一定是同时存在的，缺一不可。

成年人不是天生就会主动阅读的，只有产生需求时才会去阅读。

第一种需求——能力提升。有一部分人的阅读需求来源于能力提升，比如，考个含金量高的证书，不断地突破工作、学习中的瓶颈，提升各种能力，包括项目管理能力、部门协作能力等。

第二种需求——兴趣爱好。有一部分人的阅读需求来自个体的兴趣爱好，比如，有的人喜欢历史人文，有的人喜欢玄幻言情，这就是他们的兴趣爱好，兴趣爱好会吸引他们主动阅读。

第三种需求——解决问题。当遇到问题时，人们会想起阅读，希望从书中寻找答案。比如，当亲密关系遇到磕磕绊绊时，他们会去读《男人来自火星，女人来自金星》；当亲子关系遇到障碍时，会去读《正面管教》，或者是一些跟原生家庭相关的图书，因为人们希望从这些图书中找到问题的答案。

能力提升、兴趣爱好和解决问题构成了阅读动力模型，也就是阅读需求的三大驱动力。

当然，人们不去阅读的理由更是数不胜数。

比如，没有时间，下班回到家只想休息放松一下，周末只想陪孩子或者运动一下。也有的人会说："现在的烂书太多了，没有什么特别值得阅读的。"还有一些人会说："现在信息爆炸，我可以通过各种渠道获取各种有价值的信息，也不一定非要去读书啊；再说出一本书时间那么长，等这本书出版了，内容都已经落伍了。"

我们不难发现，这些说没时间阅读的人，其实他们也没时间健身，没时间旅行，没时间画画……一句话，没时间阅读的人，也没时间去做任何他渴望做的事儿。他们过着看似自主且自在的生活，但实际上，他们并不能真正掌控自己的人生，处处被生活和工作掣肘，委曲求全，牢骚满腹。

当然，我们也不能一概而论，认为不读书的人就没有阅读。其实，在今天这样一个时代，每个人的阅读量较之十年前都有了十倍，甚至百倍的增长。想一想：你每天早上睁开眼睛，就开始浏览大量信息，一直到晚上睡觉前都还在孜孜不倦地"批阅奏折"，能说这不是阅读吗？

答案是，不能。

然而，我们阅读的大量信息快速掠过大脑，又快速消失，并没有在脑海中形成太多记忆，也没有融进思维，更不会形成思想的沉淀，它们更像人类维持生命所需的一日三餐，只不过是用来解决“信息饥渴”的“食物”，所以它们为人类创造的价值并不高。

我们能够认识到生活浮躁，说明内心期待专心阅读和深度思考，期待形成自己的思维体系，这是我们对阅读的期待。如果想要真正形成自己的思维体系，就需要在大脑中种出一棵“阅读树”。

为了达成这个美好的期待，需要解决与阅读相关的各种问题，这本书就是为了在这方面系统地帮助你。我把这本书的内容概括为“六大问题 + 两条通路”。

六大问题：

一、不想读怎么办

现在市面上有关阅读的图书所探讨的问题大都集中在怎么阅读上，但其能够解决的问题都是冰山一角，水面之下那个不易被察觉且根深蒂固的问题——如何激发阅读兴趣，却始终没有被重视。如果不能让人们找回阅读兴趣，发自内心地去阅读，那么，教再多方法论都是徒劳。

二、读什么

读什么书要看需求，“兴趣书单”可以到各大平台搜索，平台的算法会给你推荐；“主题书单”可以根据每个人的人生规划和能力发展进行设计；个人的“系统书单”可以根据阅读动力模型总结。

三、怎么读

确定了读什么书，就可以选择阅读工具类图书进行阅读方法的学习了，快速阅读、检视阅读、主题阅读、深阅读，这些都是阅读方法。但是，最根本的方法是你要先读起来。

四、怎么记

掌握了适合你的阅读方法之后，还要学会做阅读笔记。很多人在读完一本书后，能记住的内容寥寥无几，哪怕他在书中做了批注，也收效甚微。所以，做好阅读笔记，方法得当，可以事半功倍。

五、如何写心得

写心得即从自己的角度将读书的感悟和收获写出来，强化记忆，加深理解。

六、如何分享

接下来就要去跟别人分享这本书了。只有把书里的内容转化成别人听得懂的语言讲出来，才能真正将书中的内容内化成自己的东西，并深刻理解。同时，也可以通过分享的形式训练自己的演讲能力，获得更强的表达力。

分享的形式多种多样，比如，聊天似的非正式分享，站在讲台上讲书，参加讲书大赛。但是要记住：一定要从听众的角度去分享。

经历了以上这些阶段之后，阅读收获会“兵分两路”：

一路是走实用主义路线的“致用之书”，我们会把学到的知识应用到工作和生活当中，去验证这些方法论，然后反复纠错，最终形成自己在这个领域的宝贵经验，直到成为这个领域的专家。

另一路是走精神成长路线的“无用之书”，它能启发我们思考，带给我们一些看世界的新角度和新价值观。我们就像开悟一样，慢慢形成自己的理论，并最终形成自己的思想。这些“无用之书”让我们有机会成为一个拥有独立人格和自由思想的人。

当我们一步一步解决了阅读问题，头脑中慢慢长成了一棵“阅读树”时，也就形成了自己的经验和思想体系。

在所有关于阅读的问题中，我想着重帮大家分析阅读与改变的关系。因为如何看待改变，其实代表了我们如何看待自己的人生。

睡眠时间是一天中非常重要的时间段，只有拥有优质的睡眠才能有高效的工作和美好的生活。现代城市中有一种流行性“癌症”——拖延症，平均每四个城市人中就有三个人患有不同程度的拖延症。从我们内心来讲，都渴望深度工作，并提高工作效率，却总是拖拖拉拉；对于生活也一样，我们从《断舍离》《极简》这样的书中学习了大量的方法论，希望改变以往的生活方式，但收效甚微。

为什么改变这么困难呢？为什么我们懂了那么多道理，却依然过不好这一生呢？难道只有当体检表上的那些数据爆表了，我们才会去健身吗？难道只有当夫妻关系走到崩溃的边缘，我们才会被迫去思考改变吗？被动地应对生活只会心生抱怨，主动地改变生活才能迈向卓越，而能够主动改变的人微乎其微。

看起来我们每个人都过着能自主掌控的生活，但真实情况是，在大多数情况下，我们都处在失控状态，因为我们已经变得高度自动化或半自动化；而我们想要的美好生活，在这样的状态下永远不会出现，它只能是我们的梦想。生活中，每个人都像一个自转的星球，渴望改变它自转的轨迹，却没有给它任何作用力。

为什么改变那么难呢？我们体内的白细胞寿命大概是几个小时，红细胞寿命大概是几个月，而脑细胞的寿命几乎与人体的寿命等长。所以，年龄越大，越难改变，因为大脑中形成了太多定式。如果想改变，就应该为自身这台自转机器创造动力。改变一个人真正的逻辑，就是要改变他的大脑，改变他大脑里面的神经元之间的链接。

我们要告诉大脑，我们极其渴望去做那件事情，因为渴望的产生来自多巴胺的分泌，所以我们要让体内分泌更多的多巴胺，来激发我们做事情的欲望。多巴胺受心率变异度影响，通过冥想、深呼吸、阅读等都可以调节心率变异度，以此来调节多巴胺的分泌。

当大脑渴望做一件事情时，就会调动大脑里的神经元，产生更多的神经递质——让我们去实现那件想做的事情。在这个过程中，大脑需要消耗大量能量，以开拓大脑中这条新的通路，就像鲁迅先生说的："地上本没有路，走的人多了，也便成了路。"大脑要想形成一个新的习惯、新的思维链接，人们就必须去坚持，直到它接收这个信号变得不费吹灰之力。

那么，知道了大脑运转的逻辑之后，如何让自身这个自转的星球慢慢转向想去的方向呢？

最重要的就是给自己的这个改变进行意志力充电。你可以从一天 24 小时当中任选几个时间，并固定下来，去做一件简单的事情。比如，早晨起来第一时间去做 1 分钟平板支撑，经过一段时间的练习，把时长增加到 2 分钟，甚至 5 分钟；中午和晚上可以增加更多的"充电桩"，来提高自己的意志力。当然，在这些时间点上，你也可以进行 10 分钟阅读，或者 15 分钟跑步。

看起来这像是在培养一个微小的习惯，但其实是在给我们的改变提供更多动力。当这些提升意志力的"充电桩"具有足够的电量，足以支撑我们自身这个自转的星球减速、缓慢地刹车、重启，继而转动到自己梦想中的那个方向时，它们就成了我们的能量来源。这些“充电桩”的本质是促使大脑为实现这个梦想提供充足的能量，因为要改变，就要养成新的习惯，就要更多的能量供给。

在如自转的星球一样运转的大脑里，各种能量的分配是一定的，改变分配体系的阻力非常大，就像面对一群既得利益者，要重新分配资源时，会遭到强烈的反抗。所以，改变的意志力要非常强，才可能催生新的资源分配体系。此时，我们要坚定地告诉大脑，我们有多么渴望要去做一件事情，让大脑坚定地分配给我们更多的能量。

我刚开始进行跑步训练时，跑不到两三公里，就觉得已经到了身体极限。但是，当强烈的意识告诉我要跑五公里、十公里、半马，甚至全马时，我突破了能量分配极限，突破了自己，不断地创造最好成绩。

其实，大脑当中有足够的能量提供给我们去做那件非常想做的事情，我们要做的是改变能量的分配机制，这就是改变的神经学逻辑。

就像《流浪地球》中表现的一样，要改变地球运行的轨迹需要付出不懈的坚持和努力，放弃只有零次和无数次之分，个人的改变同样如此。

人生就是一场旅行，你的梦想就在前方。只有不断地改变，坚持阅读，才能够体验真正有价值的人生。

徐玉贞

2021 年 3 月

目录

第一章

缘起：为什么阅读

工作和生活中的绝大部分问题，早就有人总结出经验写成书等着我们去阅读，只是我们没有养成从书中寻找答案的习惯。

为什么不想读书呢？归根结底，是觉得不需要吧。身处当下的互联网时代，一切需要的信息都可以从网上找到，况且信息迭代的速度这么快，等作者写出书来，热点差不多就已经过去了，时效性有限。面对历史，成王败寇，历史或许早已被成功者施朱粉黛，失了客观。即使作者努力寻找客观，也不免被个人主观意识和时代背景裹挟，客观性令人存疑。总之，不读书有太多“正当”理由，简直无法辩驳。

如何建立工作、生活与阅读的链接？

我们生活在一个物质极其丰富的时代，温饱问题不再困扰我们，但是这个时代的竞争却异常激烈。身处一二线城市的人，无论年龄，无论职业，无论事业发展到了什么阶段，都充满了焦虑情绪。每个人都渴望爱和幸福，然而却总是被巨大的工作压力压得喘不过气，最终掉进欲望的旋涡，不能自拔。这样的状态无法让我们的内心真正平静，常常需要通过抄经、念经来修炼内心，通过跑步健身来释放压力，或者通过玩手游、追剧刷短视频来消磨时间，获得愉悦的感受，借此忘掉烦恼。

这是现在大多数人的标准生活状态，这样的状态没有什么对错之分，但于我而言，总感觉不是自己想要的生活。每每遇到不顺心的事情，就想放下工作休息一段时间，或者出去旅行，“世界那么大，我想去看看”道出了无数城市人的心声。然而，我们却无法从当下的生活里逃走，现实就像紧箍咒，随着年龄的增长，越箍越紧。

这是你现在生活和工作的状态吗？

我们想改变现在的生活和工作状态，想要收入更高、生活更好、人生更自由，却又恐惧选择、恐惧改变、恐惧失败。恐惧的原因之一，是没有切实可行的方法达成自己想要的状态。如果有人告诉你，只要照此去做，就能得到什么，那些真正想要改变的人就会付诸行动。在这些改变的方法中，阅读是性价比很高的方法。工作和生活中遇到的问题，其中一部分，甚至是一大部分，都可以通过阅读找到解决办法。然而，我们还没有习惯于从书中寻找问题的答案，还不会将工作和生活中遇到的问题与阅读建立链接。

案例导入

罗辛刚从国外留学回来，加入了一家房地产公司，在市场部做新媒体运营，主要负责公司各种活动的新媒体报道和公司新媒体平台的推广。罗辛在国外学的是传播学，因为很喜欢读书，所以阅读了大量与媒体传播相关的图书，他对自己的新工作充满信心。最近公司策划了一场新楼盘的发布会，上司刘经理只是简单地给他布置了工作，让他写一篇软文。罗辛并没有提出任何疑问，就回去准备了。他浏览了一些同行的微信公众号，参考了他们近期新楼盘发布会和楼盘活动的报道，就信心满满地写了一篇软文，发给了刘经理。

结果可想而知，罗辛被刘经理叫去痛批了一顿，说他写的内容跟垃圾一样。罗辛的自尊心因此受到了很大打击。跟罗辛比较熟的同事私下跟他吐槽说："刘经理是个大龄剩女，一直对工作要求很苛刻，经常发脾气，把下属说得一无是处，没事的，习惯了就好了。"罗辛得到了一丝安慰，他又认真地把稿子修改了一遍交给了刘经理。刘经理那天似乎心情不错，也就没再跟他较真，反正这事就这么过去了。

对于刚入职场的新人来说，这种情形太常见了。这里让我们一起来预测一下这个故事的结局：

（1）在受到刘经理几次批评之后，罗辛觉得怀才不遇，辞职另谋高就了。

（2）罗辛习惯了刘经理的批评，凡事应付了事，慢慢练就了职场里的忍耐力和应付工作的能力，在公司生存了下来。

（3）罗辛反思自己，提高了对自己的要求，慢慢获得了刘经理的认可，锻炼了自己的岗位能力。

如果你是罗辛，你会怎么想，又会怎么做呢？我们不妨一起来分析一下这个案例。

首先，我看到的是一个职场新人需要学习的三项技能。

第一项技能：岗位技能

对于罗辛来说，他需要锻炼的岗位技能就是新媒体运营，包括各种类型文章的撰写。所以，除了在网上搜索一些相关案例之外，罗辛还需要及时阅读这一领域最近出版的图书或者比较经典的图书，比如，《新媒体运营》《流量池》《内容算法》《视频红利》《视频号运营》《文案圣经》《写作 7 堂课》等。新媒体是个快速兴起并且迭代非常迅速的行业，对学习能力有很高的要求，需要从业者快速掌握岗位技能并进行实战。

第二项技能：沟通技能和情绪管理技能

初入职场，往往眼高手低，很多工作让领导不满意，这是很正常的事。遇到这种情况，首先要正视批评，不要因为被批评就带情绪，听不进领导的意见和建议。人在面对批评时，往往会先从对方身上找问题、找原因、找借口，而领导又不可能是完美无缺的。如果一味地只是看到领导的不足，就会一叶障目，无法正视自身问题，从而阻碍自身能力和认识水平的提升，格局也不会变大。这个时候，可以阅读一些有关沟通和情绪管理的图书，比如，《沟通的艺术》《情绪》《共情力》，阅读能够让你比其他同事认识问题更深刻，考虑问题更全面。

与此同时，还要做好情绪管理，接受并正面思考领导的批评和建议，把它们当成自己锻炼成长的必经之路。切忌像蜗牛一样，触角一缩，躲在自己的壳里面，那样就会变得故步自封。在开展工作的过程中，要细心观察领导的管理风格，他是只关注结果，还是过程和结果都关注；了解了领导的管理风格之后，汇报工作时就能抓住重点、张弛有度了。

第三项技能：摆正心态

新员工很容易被老员工抛来的橄榄枝左右，从而被迫站队，参与到公司内部的派系斗争当中，这种情况下，新员工很容易犯错误。尤其是在自己工作不被认可的时候，新员工往往不敢正视自己的问题，会从公司和领导身上找原因，以此来减轻自己的挫败感，这是万万不可取的。领导的情绪是领导的问题，不能让领导的问题变成阻碍自己进步的障碍。同时，要客观地认识领导的情绪，这也是一种职业素养。一般情况下，领导是不会随便发脾气的，也许问题的产生的确是因为自己的工作不到位、要求不高、经验不足或能力不够。领导之所以能够成为你的领导，一定有他的过人之处，我们要善于发现领导的优势并进行学习，而不是盯着他的短处不放。要把领导当作自己职场中的贵人，有领导的指引，你才能看得更远，获得更多的提升和晋升机会。

这里推荐阅读工作心态类的图书，比如《阳光心态》，树立更加积极向上的工作心态。我们大多数人从毕业开始一直到退休都是过着朝九晚五的生活，把最好的光阴奉献给了工作。如果不积极、不开心，满腹牢骚、抱怨，那么，漫长的几十年人生就会变得乏味无趣、暗淡无光。

工作上，所有遇到的问题和挫折都指向自己能力的不足，一旦拥有了这种认识，你就学会了将进步的机会永远留给自己。

职场中类似的场景随处可见，反映的问题却各不相同。不同问题的产生，代表需要学习不同的技能，提高不同的能力，因此需要使用不同的书单。给自己开书单并不难，难的是培养自己的书单思维，要养成每天思考的习惯，认识到自己还不够优秀的时候，就去找与之相关的图书进行学习提升；如果还是存在困惑，或者根本不知道该读什么书，就直接向经验丰富的人请教，把困住你的问题告诉他，让他给你分享经验或者推荐相关图书。要把所有问题变成自己成长进步的机会，而不是一味地纠结、烦恼。

阅读的三种动机

从罗辛的案例中可以归纳出阅读的三种动机，即能力提升、兴趣爱好和解决问题，我们称之为阅读动力模型。罗辛阅读岗位技能类图书的动力来自能力提升，阅读媒体传播类图书的动力来自兴趣爱好，阅读沟通、情商、情绪和心态管理类图书的动力来自解决工作和生活中的问题。

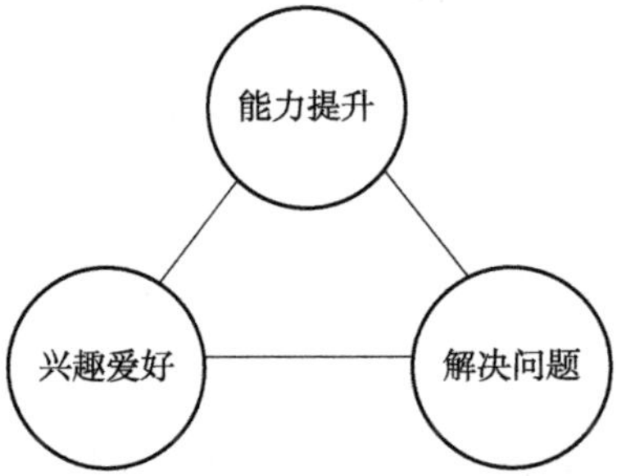

阅读动力模型

学习完罗辛的案例，很多人会像罗辛一样选择阅读《新媒体运营》之类的岗位技能类图书，这是对这个案例的第一层认识。这里我要提醒新入职场的年轻朋友们，要重视有关沟通、情商、情绪管理和心态管理图书的阅读，要让自己有更高的认识格局，学习沟通技能，主动改善与领导的关系。可能你们当中有些人具有沟通天赋，能够很好地处理与同事和领导的关系，但是更多的人不具备这个天生的能力。如果不及时弥补这方面的欠缺，就很容易陷入对领导的成见和抵触情绪中。

工作中，我们对每一件事情的认知都体现了我们的格局，处理事情的方式方法体现了我们的能力，对事情的反思则体现了我们的思维深度。面对遇到的每一件事，如果不反思，事情就会这么平淡地过去；如果想在茫茫人海中脱颖而出，想与众不同，就要有不一样的认识层次，并运用不同的思维模式分析问题。

生活中也会遇到各种各样的问题：夫妻关系、亲子教育等，很多人选择视而不见，用包容、谅解、磨合和将就度过一生。他们并没有意识到，每一个问题都是命运给你安排的一次系统升级的机会。这时你需要多问几个为什么，找到问题背后的原因；要多从自己身上找原因，再去找解决办法，然后尝试改变；久而久之，你会发现生活变得越来越美好。如何通过阅读解决生活里的问题，是人生的必备技能，相关内容会在第三章详细解释。

很多人认为我们不需要读书，但是需要学习工作方法，提高工作能力；需要培养兴趣爱好，开阔眼界视野；需要认识问题本源，解决各种问题。他们并没有意识到，阅读可以一一满足这些需求，打开一条通往理想人生状态的通路。

阅读能滋养我们的心灵，书能成为我们一生的灵魂伴侣。

第二章

想读：没时间怎么办

似乎，我们不只是没有时间读书，也没有时间健身、画画……做任何你想做的事。阅读从来都不只是时间问题，它更加能折射出我们想过而没有过上的生活。

“我很想阅读，可是没有时间啊！”我经常听到有人跟我这样抱怨。这样的人，不仅没时间阅读，也没时间画画、旅行、健身、插花，甚至没时间陪伴孩子。那么，他们的时间都去哪儿了呢？

生活中，大部分人都遵循着“开心就好”的价值观，时间都用来消费了——20 元买个视频平台的月度会员，每天花几小时，甚至熬夜追剧；50 元买张电影票，再花 2 小时看一场电影；100 元包个小房间，再花几小时 K 歌……金钱和时间的双倍支出，带给我们身心的放松其实微乎其微。

每个人对于时间的投入不尽相同，有的人将大量时间用在消遣上，有的人将更多的时间用在自身成长上，日积月累，不同的时间投入就会显现出不同的产出结果，甚至会造成身份、地位、财富等方面的天壤之别。所以，做好时间管理对一个人的成长非常重要。

要学会管理时间，就要对时间有一个正确的认识，也可以称之为“时间财富值”。为了计算方便，我们按照时间的价值是每小时 100 元计算（每天工作 8 小时，每月工作 22 天，每月税后收入 17600 元），达不到这个时薪的朋友请继续努力，超过的朋友可以在这个基础上乘以任何你想乘的倍数，5、10、15、30、300、3000……不设上限，只要做得到。

如何计算投入产出

1. 投入

（1）消费投入

逛街 1 小时，买了 1000 元的衣服，花费实际货币 1000 元，时间货币 100 元（1 小时 =100 元实际货币，下同），总支出是 1100 元。

（2）学习投入

学习 1 小时，投入的时间货币是 100 元，产出不可预估，暂且不计，总支出是 100 元。

2. 产出

一家书店想邀请我举办一场新书发布会，花 1 小时分享“阅读树”这个主题，我准备演讲稿的时间是 3 小时，假设主办方支付给我 1000 元费用，我的总产出是 1000–100–300=600 元。

像以上这样，我们把时间以小时为单位做价值计算，同时记录工作和学习中时间的投入产出情况，并坚持下来，久而久之一定会形成自己的时间价值观。

我曾经跟国内一位知名经济学家聊天，他说：“我每年工作 300 天左右，收入来自专栏、咨询、讲座三部分，每年大概 1500

万元，平均每天的时间价值为 5 万元，按照每天工作 10 小时计算，每小时的价值是 5000 元。所以，我可以花 1 小时跟你聊一件事情，但你需要在聊天开始之前告诉我，聊天的这 1 小时能够在以后的数小时里带给我超过 5000 元的收益。否则，我们之间的聊天就是浪费时间。”

这并不是一个特例，我遇到的所有优秀的人，无一例外都是时间管理的高手。要想成为一个卓尔不群的人，首先就要管理好自己的时间。

如何高效利用时间

为了帮助你们养成管理时间的良好习惯，这里设计了两款时间画布：时间书和时间轮，用来记录时间使用情况。你们可以根据自己的时间财富值，计算每日、每月和每年的时间价值，日积月累，看看自己的时间价值是不是在持续增加。

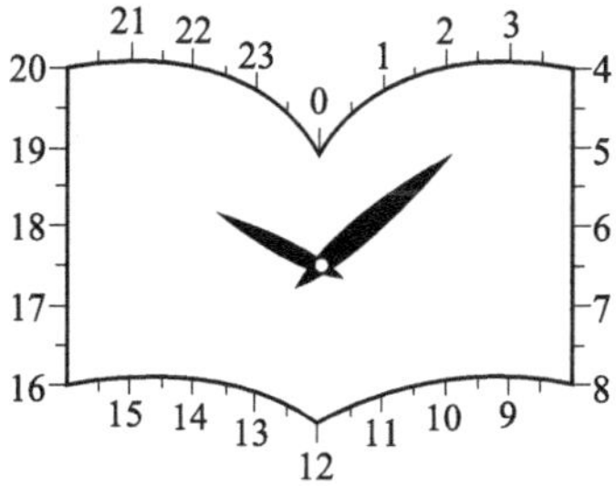

时间画布 1：时间书

时间画布 2：时间轮

从企业的角度来说，通过剥削你的时间来榨取剩余价值是经营的本质，所以不管是“955 工作制”（朝九晚五，一周上五天班），还是“996 工作制”（朝九晚九，一周上六天班），其实没有本质区别，体现的只不过是企业与员工之间利益平衡的问题，以及员工个人工作与生活的平衡。接不接受这样的游戏规则，认不认同这种靠时间换取货币财富的方式，都是个体的选择。如果认同这种获取财富的方式，那么，“007 工作制”（全年无休）都有可能被接受。

这样的工作制是否合理合法，我们在此不做讨论。我想强调的是，在这样高强度的工作压力下，人已经无暇顾及工作时间的投入和产出是否符合他的意愿了，他们只能疲于应付当下的工作。

作为一个独立个体，人总是希望工作和生活有一个平衡，即使短期不平衡，长期也需要平衡。企业家的时间是相对自由的，他有权力支配自己的时间，通过公司管理和激励机制还可以支配员工的工作时间，这个事实我们必须清晰地看到。对于大多数人来说，只是拼命地将自己的时间投入到企业家们的事业当中，太多因素决定了我们的时间投入和产出不能如己所愿。在这种情况下，选择的眼光、拼搏的方法和得失的预期就显得非常重要了。

时间，作为每个人独一无二的资源和财富一定要善加利用，大体上可以把它划分为三部分：工作时间、生活时间和睡眠时间。时间管理就是在时间书或者时间轮的辅助下，对时间进行合理的分配并完整记录，使有限的时间得到高效利用。

1. 工作时间：如何提高效率

工作时间的价值 = 工作状态 × 工作时长 × 时间效率

（1）工作状态

> 深度工作是在无干扰的状态下专注地进行职业活动，使个人的认知能力达到极限。这种努力能够创造新价值，提升技能，而且难以复制。
>
> ——选自《深度工作》

极致专注和深刻思考能够大大提高工作效率，提高时间的效用，但网络几乎剥夺了人们专注和深思的能力。我之所以把工作状态放在工作时间价值的第一位，是因为好的工作状态能够提高工作效率，同时减少工作时长。

（2）工作时长

工作时长 = 时间单元 × 单元个数

注：时间单元可以是 15 分钟、半小时、1 小时等。

如何进行时间分配，以提高单位时间的工作效率，是一件很重要的事。很多人都有这样的工作习惯：每天工作前列出要做的 8 ~ 10 件事，但往往都完成不了。我的做法是不贪多，每天只列出 3 ~ 5 件事，并给事情排出优先级，从最重要的事情做起。比如，写作是我这段时间最重要的事，我会安排上午 10 点开始写作，目标是每天至少写 3000 字，一般下午才会去上班；所有跟写作无关的事，如跟朋友聚餐、美容或健身等，都要坚决推迟或者干脆推掉，让自己尽量全身心地投入到写作当中。当然，很多朋友做不到我这么自由，但是在上班时间内还是可以相对自由地安排自己的工作的。

学会剔除不重要、不必要的工作，是很重要的工作能力。

前两年，有时间管理专家建议列“to do list”，如今的专家建议每天只做 3 ~ 5 件重要的事，关注“not to do list”。在执行过程中我们发现，前者忽视了普通人自己执行 to do list 的惰性，后者忽略了普通人做 not to do list 的权限。

事实上，事情很难如专家们区隔得那么清楚，即使能区隔清楚一两天或者一阵子，时间再长一点就会发现，我们的计划往往会被领导丢过来的各种新任务打乱。那些新任务有些是你岗位职责内的，有些是与你的岗位职责有着千丝万缕联系的，甚至有些与你并不相干，你不得不因此调整自己的工作计划，来配合领导的安排。面对这样的情况该怎么办呢？

首先，了解自己的工作效率，答应领导完成新任务的时间节点不至于让自己太被动；其次，将自己的时间分为任务时间、自由时间、打杂时间，在任务时间内要高效完成重要工作，在自由时间内处理突如其来又不得不做的事情，在打杂时间内休息或者处理事务性工作。很多人没有时间管理能力，总是迫于领导的权威，养成了第一时间响应领导指令的习惯，工作节奏被领导带着走，这就为未来几十年职业生涯埋下了隐患。长此以往，就会成为一个被动进行时间管理的人。这样的人，一旦有机会成为高层，有权力做更广范围内的时间管理时，就会感到无助和无力，再加上体制的约束，他们的时间都被下属主动找来的工作填得满满的，自己无暇顾及开拓性工作，工作毫无亮点，个人职业生涯前景堪忧。

在初入职场的几年里，养成好的时间管理习惯和培养时间管理能力非常重要，这就要认真学习时间管理方法。

> 番茄工作法以 25 分钟的短期迭代为节奏，帮你建立可持续发展的步伐，休息时安心休息，工作时一心一意。
>
> ——选自《番茄工作法图解》

《番茄工作法图解》是一位瑞典作家的作品，被引进到中国以后非常畅销，很多讲时间管理的网络课程也在讲这个方法。番茄工作法就是将工作拆分成多个时间单元，每个时间单元 25 分钟。我的建议是，每个人可以根据自己的习惯，设定时间单元。我自己习惯以 15 分钟为一个时间单元，之后，我就可以确定做一件事情需要花费几个时间单元。通过做时间预算，并将其和实际的时间消费进行对比，不断地修正，使两者的差距越来越小，以此锻炼自己的时间管理能力，这个能力能够决定一个人对时间的掌控力。在工作中，如果投入的时间跟完成的工作量越来越匹配，那么，你的时间管理就会越来越精准，单位时间的产出就会越来越高，整体的时间使用效率也会相应提高。

（3）时间效率

当你投入时间去做一件事情时，目标是极其重要的，盲目地付出时间会让自己的工作轨迹杂乱无章。如果以实际收入的货币为目标，工作会让人越来越慵懒。我们要认识到，时间管理的价值是提高自己单位时间的产出，而不是丧失工作的目标和努力的意义。如果因为收入低而减少工作时间的投入，那么，一个人的时间价值会越来越低。选择在自己喜欢或擅长的领域刻意学习并刻意练习，是提升时间价值的方式。如果你问："我不喜欢现在的工作怎么办？"我大概会回答："要么去喜欢，要么就放弃。时间是自己的，不需要问别人怎么消费。因为纠结产生的时间流逝，是毫无意义的内耗。"

每做一件事情，都意味着时间投入。

（4）效率提升练习

公司最近要上一个新项目，在开完项目启动会之后，你作为项目组成员，需要做一个项目计划书，要求一周之内提交给领导，并当面汇报。你是第一次做项目计划书，接到这个工作任务，你计划如何开展下一步工作？

利用工作时间效率法则，你可以这样做：

①边学习、边工作

接到新任务，首先要搜集材料，设计工作思路，然后请教公司内外在这个领域有经验的人，伴随快速阅读相关图书，大量浏览相关文章，变被动工作为学习型工作，快速提高自己的能力，让自己的未来时间增值。

②设定截止时间

给自己设定一个任务完成时间，这个时间永远要早于领导下达的截止时间，以使自己有足够的时间对方案进行改造和升级。

③设定节点目标

将工作内容进行拆分，并做成时间进度表，利用设定的时间单元量对关键节点进行时间管理。每完成一个节点可以对自己有所奖励，比如一杯咖啡、一顿晚餐，抑或一个小礼物，让每一次时间消费都有意义，学会自我激励。

④拖延症

工作中，很多人都会在接到任务的第一时间就投入进去，但往往进行到一半时进度就会放缓，甚至进行不下去，结果一拖再拖。这都是没有做工作拆分和时间规划造成的。拖延的原因有很多，或许你接受的工作是你不愿意做的，或许你对结果有特别高的要求，或许你担心工作达不到领导预期等，无论是什么原因，只要拖延一开始，就会一发不可收拾，像一种职场不治之症。

拖延的真相其实是，你还没有真正开始行动，一旦你真真切切地开始行动了，你会发现自己变得积极起来，而不再悲叹时光流逝。

爱拖延的人特别善于找到不开始做某件事情的理由，然后他们欺骗自己，使自己相信如果他们先做某件事情将会有助于开始本应做的那件事。

——选自《超级时间整理术》

我对克服拖延症的种种困惑以及我能想到的治疗方法，在

《自控力》一书中找到了理论基础，尽管也不一定正确，但是对于我深度认识拖延症有很大帮助，甚至比阅读谈论拖延症本身的图书体会更深。

> 你的意志力挑战可能是你逃避的事（我们称为“我要做”的意志力挑战，我个人把它理解为“我应该做”），或者你想改掉的习惯（“我不要”的意志力挑战），也可以是你愿意花更多精力去关注的重要生活目标（“我想要”的意志力挑战）——无论这个目标是改善健康、管理压力、磨炼家长技能还是拓展事业。集中注意力、拒绝诱惑、控制冲动、克服拖延是非常普遍的人性挑战。
>
> 斯坦福大学神经生物学教授罗伯特·萨博斯基认为，现代人大脑里前额皮质的主要作用是让人选择做“更难的事”。如果坐在沙发上比较容易，它会让你站起来做做运动；如果吃甜品比较容易，它会提醒你要杯茶；如果把事情拖到明天比较容易，它会督促你打开文件，开始工作。
>
> 前额皮质并不是挤成一团的灰质，而是分成三个区域，分管“我要做”“我不要”和“我想要”三种力量。前额皮质的左边区域负责“我要做”的力量，它能让你处理枯燥、困难或充满压力的工作，比如当你想冲个澡的时候，它会让你继续待在跑步机上。右边的区域控制“我不要”的力量，它能克制你的一时冲动，比如你开车时没有看短信，而是盯着前方的路面，就是这个区域的功劳。以上两个区域一同控制你“做什

么”。第三个区域位于前额皮质中间靠下的位置，它会记录你的目标和欲望，决定你“想要什么”。这个区域的细胞活动越剧烈，你采取行动和拒绝诱惑的能力就越强。即使大脑的其他部分一片混乱，向你大叫“吃这个！喝那个！抽这个！买那个”，这个区域也会记住你真正想要的是什么。

——选自《自控力》

这本书里对自控力的神经学分析，会让人更加明白人的失控是大脑的前额皮质用进废退的缘故。拖延症面对的就是那些“我应该做而逃避去做”的事情，也就是“我要做”的这一部分。许多谈论拖延症的图书没有让我信服的原因是，它们没有从更深层的生物学或者神经学的角度去解释和分析拖延症出现的原因，解决方案多数是在隔靴搔痒，头痛医头，脚痛医脚，解决不了拖延症的根本问题。

现在我们回想一些生活当中的场景：你在做某个决定的时候，比如开车从哪条路去公司、中饭吃什么、今天穿什么衣服，那些决定像被打开的水龙头，会自然而然地流出来，而你根本没意识到自己在做决定，但事实是你已经做了一个决定。

如果你拥有好的习惯，那么长期的无意识决定会让你的状态进入一个良性循环，你的各方面能力也会得到提升；如果你没有养成好的习惯，那么大脑永远会选择最简单的方式，因为这是人类的本能。但是久而久之，大脑前额皮质因为没有得到很好的训练，人的自控力就会越来越差。这时候，你就明白了自己为什么总是没有时间阅读了，不仅仅是阅读，你的其他爱好也都没有时间去实现，而且以后也很难实现了。

认识到了问题的根源所在，就要开始有所行动了，这是对自己的一种内观和觉察。那么，应该如何增强“我不要”的力量呢？

《论语·公冶长》里有一句非常经典的话：“三思而后行。”美国肯塔基大学心理学家苏珊娜·希格斯托姆的一项研究表明，当你“三思”进行自控时，身体会伴随一系列变化，比如心跳速度会减缓、血压会降低、呼吸频率会降低，这都是在帮你抵抗诱惑、克服冲动。对“三思而后行”的最佳生理学测量目标是“心率变异度”。

> 当人们感到压力时，交感神经系统会控制身体，这种生理学现象是为了让你更好地应对挑战或者选择逃跑。心率一旦升高，心率变异度就会降低，此时，由于应激反应产生的焦虑或愤怒会迫使心率保持在一个较高的水平上；相反，当人们进行成功的自控时，副交感神经系统就会发挥主要作用，缓解压力、控制冲动行为。此时，心率降低，心率变异度会升高。
>
> 任何给你的身心带来压力的东西，都会影响自控力的生理基础，甚至摧毁你的意志力。焦虑、愤怒、抑郁和孤独与较低的心率变异度和较差的自控力有关。
>
> ——选自《自控力》

改变心率变异度，是改善自控力的生理基础。《自控力》一书中给出了几种方法，我特地实践了一下，虽然没有办法跟踪心率变异度的数据，但是发现自己的自控力确实在逐步增强，方法如下：

（1）调节呼吸

将呼吸频率降低到 4 ~ 6 次 / 分钟，也就是每次呼吸用 10 ~ 15 秒。放慢呼吸，可以激活前额皮质，提高心率变异度，有助于你从压力或失控状态调整到自控力状态，几分钟后，你就会变得平静、克制欲念。如果没法一下做到 4 ~ 6 次 / 分钟，可以先尝试将呼吸频率降到 12 次 / 分钟以下，此时心率变异度也会在呼吸训练中稳步提高。每天坚持 20 分钟放慢呼吸练习，能提高心率变异度，降低欲望和抑郁程度。

（2）加强锻炼

很多人会问："什么样的锻炼最有效？"我的回答是："只要你喜欢的、想去做的就是最好的锻炼起点。"打扫卫生、健身、跑步、瑜伽、游泳、散步、遛狗等，哪怕只有 15 分钟，都是有效的，长期坚持更会见到明显效果。现在很多人喜欢马拉松，原因就在于它是非常好的一种锻炼自控力、改变心率变异度的方法。跑步可以促进血液循环，排出体内毒素，同时还会产生一种让人感到快乐的物质——内啡肽，让人产生愉悦感。我也是一个马拉松爱好者，虽然跑马的整个过程会因为肌肉疼痛而痛苦不堪，身体也会非常疲惫，但是跑完马拉松之后的成就感和愉悦感，会让我非常期待下一场马拉松的到来。

（3）合理睡眠

大脑前额皮质进行自控时需要消耗大量能量，睡眠可以及时为自控力补充能量。至于如何能够拥有合理且有质量的睡眠，在本章最后的睡眠时间部分会详细介绍。

那么，要增加“我要做”的力量，又有什么办法呢？

《自控力》这本书里详细地诠释了“我想要”的神经学原理。2001 年，斯坦福神经科学家莱恩・克努森证明了多巴胺会促使人们期待得到奖励，拖延症患者为了获得“我要做”的力量，需要调整多巴胺分析系统，挑战分泌更多多巴胺，这也可以诠释为什么爱好能激发一个人的热情，对一个人产生强大的内在驱动力。对于“我要做”的事情，如果能将其变成“我想要”的事情，就会更加有动力。增加“我要做”的事情的奖励机制，促进多巴胺的分泌，就是一种促动机制。

这就能解释为什么考核机制能够成为公司管理中的重要手段了。因为大多数工作都不能从内在驱动人们从“我要做”变成“我想要”，但这项工作又必须去完成。此时，就需要考核机制的激励了。

《自控力》一书的作者凯利・麦格尼格尔教授是斯坦福大学的心理学家，并不是神经学家，我也不是神经学专业人士，无法通过专业深入的考证和研究证明书中所有理论的正确性和严谨性，但是它提供的分析和方法论绝对值得我们在实践中尝试。理论联系实践，学习加以运用，也是阅读带给我们的乐趣和收获。当然，如果有读者有更高明或者更严密的理论，我们也可以共同探讨。希望我们能够把更科学的理论和观点、更优质的内容、更好的图书推荐给更多的朋友。

2. 生活时间：如何提高品质

工作里的时间和生活里的时间，是两个不同的认识角度，体验也完全不同。工作里追求时间效率，表现为求“快”，单位时间获取更大的价值；生活里追求体验和品质，表现为求“慢”，陪伴家人的温馨时光很美好，总希望时间静止在幸福的时刻。

有两首耳熟能详的诗，是这样描绘我们期待的生活状态和生活方式的。

记得早先少年时
大家诚诚恳恳
说一句是一句

清早上火车站
长街黑暗无行人
卖豆浆的小店冒着热气

从前的日色变得慢
车，马，邮件都慢
一生只够爱一个人

从前的锁也好看
钥匙精美有样子
你锁了人家就懂了

——木心《从前慢》

从明天起，做一个幸福的人
喂马，劈柴，周游世界
从明天起，关心粮食和蔬菜
我有一所房子，面朝大海，春暖花开

从明天起，和每一个亲人通信
告诉他们我的幸福
那幸福的闪电告诉我的
我将告诉每一个人

给每一条河每一座山取一个温暖的名字
陌生人，我也为你祝福
愿你有一个灿烂的前程
愿你有情人终成眷属
愿你在尘世获得幸福
我只愿面朝大海，春暖花开

——海子《面朝大海，春暖花开》

网红李子柒的田园生活让人羡慕不已，虽然她的爆红一定程度上要归功于互联网营销，但是这样的生活的确是很多人梦寐以求的。我们期待的生活如此美好，而我们眼前的“苟且”又让人如此疲惫不堪，我们该如何整理自己的生活，如何利用我们的生活时间，让自己一步一步接近自己期待的生活呢？

每天跟自己约定放下工作的时间，是给疲惫的自己补充能量的方式。在放下工作的时间里，可以与家人吃饭、聊天，高效地陪伴孩子；可以运动、锻炼，保持自己旺盛的体能和健康的体魄；可以休闲、阅读，给大脑充电；也可以学习某项技能，为自己的未来储备增值的资本。这里你可以为自己设定几个原则：

（1）不把工作带回家

可以把工作带去任何地方，但是最好不要把工作带回家，包括工作情绪。家是每个人休息生活的地方，如果把工作带到生活里，你的家里很难产生愉快的氛围和温馨的气息，久而久之，生活的不幸福感和家庭冲突就会出现。所以，无论加班到多晚，不把工作带回家，是切割工作时间和生活时间的重要原则。

（2）在家设定“停机坪”

大多数人在休息时间是会玩手机的，让自己一直与屏幕互动，这样既不能让身体得到很好的休息，也不能让大脑得到放松，这是现代人浪费时间的最主要方式。我的建议是，回家以后尽量将手机调到静音状态，并放置在一个固定的地方。与家人约定不看手机的时间，这是一种很好的提升自控力的方式，也是与家人沟通的保障。

（3）养成一个跟爱好相关的好习惯

在家的时间里要有一个比较固定的休闲方式，比如阅读或者锻炼。时间不用太长，可以跟孩子和家人一起，每次 10 ～ 15 分钟即可，这也是一种放松的形式。在后面的章节里还会专门针对如何养成阅读习惯、如何制订阅读计划进行讲解，帮助大家建立正确的阅读观。

读完《断舍离》，我立刻践行，很神奇，它的确改变了我的生活。分享给你，也希望它能改变你。

《断舍离》阅读心得

张德芬说："想要幸福，就需要放下对幸福的执念。具体有三步：断，停止负面的思考模式；舍，顺从自己的心，割舍既有；离，松开占有更多的念头。"

人走着走着，忽然有一天会发现，她已经拥有的东西，并不能给她带来更多的幸福。于是，就挣扎着去努力满足更多的欲望，以为这样就可以幸福。然而，最终还是发现，翻过一个个欲望的山丘之后，是更大的欲望，我们并没有从不断自我满足的状态中感受到幸福，实际感受到的却是迷茫和疲惫不堪。

慢慢地，我们开始叩问自己的内心，开始尝试放弃眼前的一些既得利益，松开那些不舒适的关系，抛弃那些惹满灰尘的物品，开始学着为自己的人生留白。这时候，你才发现你已经在找回自己的路上了，这才是真正靠近幸福的开始。

我们的大脑里被预装了很多关于幸福的观念，比如父慈子孝、贤妻良母、琴瑟和谐。这些预装的幸福观念，让我们对生活充满无限的要求和期待，然而幸福本身与这些观念并没有太大关系。我们追求完美的婚姻，也追求完美的自我，这种追逐让我们困苦不堪。在找回自我的路上，要学会与自己的不完美、内心阴影和负面情绪相处，感受柔软的自己。

或许在找回自己的路上，我们依然有很多的欲望，不要刻意去压抑，欲望是需要被穿越的。当你发现欲望的满足并不等于幸福时，你就会看见欲望的弱点。在这个过程中，不知不觉，欲望反而变成了你追逐幸福时可以自由驾驭的坐骑。

幸福并不来自事业的成功，事业的成功只是自我实现的一种感觉；幸福也不来自看似完美的婚姻，婚姻更像一个利益与合作的综合体；幸福更不会来自你对孩子的希冀，那种希冀会让孩子背上沉重的压力。

握紧的，都是要失去的；松开手，留下的才是幸福。幸福其实很简单，它来自你对自己的认知、感受、接纳和不断的自我发现、肯定与成长。

什么是断舍离呢？就是一种动禅。

《断舍离》是日本杂物管理咨询师山下英子的一本书，书中提到的断舍离，指的是通过收拾物品来了解自己，整理自己内心的混沌，让人生更舒适的行为技术。

简单地说，就是通过收拾家里的破烂儿，整理内心的破烂儿，让人生变得开心。断，就是断绝想要进入自己家的不需要的东西；舍，就是舍弃家里到处泛滥的破烂儿；离，就是脱离对物品的执念，处于游刃有余的自在空间。

断舍离的主角并不是物品，而是每个人自己，时间轴永远都是当下。当下自己不需要的东西就必须放手，只选择必要的物品。我们可以从看得见的物质世界走向看不见的内心世界，最终实现对自己深刻、彻底的了解，并接纳最真实的自己。

在将断舍离变成自己的生活方式的过程中，不需要静静地打坐，只需要坦然地面对物品，也就是坦然地面对自己，通过整理带来心灵的变化。断舍离就是一种动禅。

大多数人听过断舍离的理念后，都会表示认同，但是当真的开始整理自己的居住空间并进行断舍离时，又会发现执行起来很困难。在考虑某件东西是否要扔掉时，总会觉得很可惜，总觉得有一天能派上用场，出于负罪感，不舍得把它们处理掉。

断舍离并非以把房间弄干净为目的，而是通过断舍离的过程，了解并喜欢上真实的自己，实现自我肯定。断舍离的主角不是物品，而是自己，考虑的是我还需不需要它。“扔了很可惜，还是留下来吧”，这种想法就是拿物品当主角了。通过不断地筛选物品的训练，当下的自我就会越来越鲜明地呈现在自己眼前，我们也能逐渐准确地判断出真实的自我形象。

当我们试着将居住空间里的物品纳入优胜劣汰的自然循环中，留下适度的量，并确保每一样东西都是自己精挑细选过的，再将物品丢弃的可能性就会降到最低。当我们丢弃了那些没用的东西时，也就丢弃了对那些没用物品的自责，生活的物理空间变大了，心灵也变得舒展了。

东西要用才有价值。每一样物品都应该出现在需要它的地方，当物品处于恰当的位置时，才能展现美感。

中年人已经处于生命之河的中游。在生命之河中，有许多我们曾经使用过，但是现在不会再用的东西。此时我们该想的，并不是这些东西以后还可能用得着，应该把它们留下来，而是这些东西如果能如泥沙般顺流而下，才是它们的归宿。断舍离的目的就是让整个社会中的物品都能各得其所。

物质的过度泛滥。在商品供给充足的社会里，商家做足了促进客户消费的功课，他们对目标群体进行很细致的研究，从神经学、心理学到行为学，采用了相当高明的做法，吸引人们去购买他们的商品。

当你走过一家面包店的时候，闻到了香喷喷的面包味儿，它刺激你的大脑分泌多巴胺，促使你走进这家你没打算走进的面包店。接着，你试吃了刚刚出炉的新口味面包，并在新品打折促销的诱惑下，买了两袋面包。商家就是这样利用了你的嗅觉、味觉和打折刺激，让你购买了你并没有打算购买的商品。

这样的案例比比皆是。面包是生活必需品，最终你会消耗掉它，但更多时候，我们买的是非生活必需品，当你付完账的那一刻，其实它们就已经失去了意义。回到家，你会把它们收起来，并很快忘记它们。于是，家里到处藏了这种并不真正需要的东西，生活空间被挤占，家变成了仓库。切记：选择物品最重要的不是考虑“要不要”，而是考虑“要不要用”。

如果居住空间像一个水池，“断”就是入口的闸门，“舍”就是出口的闸门，我们要守住这两扇门，不能让物质不断地涌进来，只进不出。这样过不了多久，水池就会浑浊不堪，底层就会布满淤泥。淤泥在水池里是一点一点地向下沉淀的，不管底层有多少淤泥，最上层的水都是清澈的，所以我们觉察不到自己已经陷进了生活的淤泥里。

那为什么仍然有很多人不愿意对那些没用的东西进行断舍离

呢？那是因为断舍离需要花费时间和精力思考自己跟物品的关系并收拾和整理，这一“折腾”，好不容易清澈的上层水，也会变得浑浊不堪，于是大多数人就懒得折腾，宁愿保持现状。这样，静止不动的上层水至少不会浑浊。所以，要断舍离还是要下点决心的，这显然是个大工程。

一些研究命理的人认为，一个家庭的运气可以从物理上看出来；断舍离认为，只要除掉那些破烂儿（不用的、将就用的和充满回忆却无用途的东西）、垃圾、灰尘和没用的东西，就能消除停滞运和腐朽运，通过把不需要、不合适、不舒服的东西，换成需要、合适、舒服的东西，我们肉眼看不到的运势就能有所提升。断舍离的生活理念会慢慢改变你的生活状态，生活状态又会慢慢改变你的心境，运气也会随之发生微妙的变化。

如何断舍离呢？

我们和物品的关系映射着我们和周围人的关系——从物品的断舍离到关系的断舍离。

生活中那些没用的东西都是用来惩罚我们的，这是因为你得到了它，却没有使用它。没有物尽其用，导致良心上的不安，总想着必须要用却又无法用起来，所以时常陷入隐隐的自责中。于是，只能把它们收起来，然后跟自己说：“总有一天能用得上。”用这样的借口安抚自责，殊不知你是在用这些没用的东西惩罚自己，消耗了很多精力和能量。对于那些物品来说，自从你把它们拿回家束之高阁，它们就没有办法完成自己的使命，甚至连自身的存在价值也被否定。所以，当我们决定要买一样东西的时候，也需要考虑一下我们和物品之间的关系。

我们被各种物品包裹着的状态，像极了周围各种各样的人际关系。试着调整我们跟物品之间的关系，让物品退回到配角的位置，当我们回到主角位置时，也会有意识或无意识地调整自己在人际关系中的定位。那些我们认为有用，实则八竿子打不着的关系，会像囤积的物品一样，消耗我们的精力和能量，而那些人际关系中的配角，迟早有一天会断了联系。

滞留在生活空间里的东西是“内心不安与欲求不满”的象征，是毫无价值的东西。在进行断舍离之后，从空间上清除这些东西，会对潜意识起到很大的改善作用。当生活里的这些物品被清理出去时，附着在这些物品上的精力也会被收回来，可以有更多的富余精力，可以用来做更多自己喜欢的事。同时，潜意识可以接收更多的新信息，当潜意识和精力处于流动状态时，心门自然也就被打开了。

除了必需的物品和必要的关系外，让其他物品和关系保持自然流动的状态吧。这样，断舍离也会从物理层面的空间释放，逐渐进入到精神层面的自我解放。

当生活空间里只留下自己喜欢的东西时，它们跟自己的品位相配，跟自己的气场相合，跟自己的波长相符，自然不会消耗能量，而是形成互融互纳的能量场。

3. 睡眠时间：如何进行优化

如果提高了工作效率，对生活进行了“断舍离”之后，依然没有多余的时间怎么办？那就向睡眠借时间吧。我通常需要睡足8小时才能精力充沛，否则就需要咖啡提神；如果起床时间提早到7点之前，那一天都会头晕脑胀，或者哈欠连天。精力变差，工作质量和思考速度下降，迫使我不得不调整回原来的作息模式。所以，在减少睡眠或者调整睡眠时间的路上，我经常尝试改变，却往往无功而返。但于我内心来说，我希望缩短睡眠时间，留给其他事情更多的时间。

我试图从书中找到改变作息习惯最科学合理的方法，同时对自己的睡眠意识灌输改变的意图，然而都被我长年累月的作息习惯打败了。可见习惯的力量是非常强大的，直到我读到《早起的奇迹》这本书，才有了再次改变的力量。

因为我习惯凌晨入睡，所以早上6点起床去跑步这样的要求会让我精神疲惫，一整天都昏昏沉沉，丝毫没办法进入写作状态。于是，我停止了这种改变。因为我意识到，选择改变的时机和条件对于能否改变成功至关重要。不是所有的尝试都能一次成功的，所以，这一次尝试我又失败了。我打算在这本书交稿之后，继续尝试早起，也许那个时候是正确的时机。

尼克·利特尔黑尔斯在他的著作《睡眠革命：如何让你的睡眠更高效》中写道："每个睡眠周期为1.5小时，如果在每个睡眠周期结束的时候醒来，每天4 ~ 5个睡眠周期就足够了。"如果你感到睡眠不足，那或许是因为在睡眠周期的中间阶段醒来，或者深睡眠不足，或者潜意识认为自己睡眠不足，"感到"自己处于极度疲惫的状态，实际上可能是大脑为了减少耗能，降低了能量供应，这是人体的自我保护机制，而非真正的睡眠不足。相对睡眠时间不足，睡眠质量更为重要。如果有失眠多梦等状况出现，睡眠时间再长，都不能弥补睡眠质量低下的问题。那么，我们应该如何改变睡眠习惯，提升睡眠质量呢？

（1）掌握好睡眠周期

根据自己的睡眠习惯，选择睡眠周期。将起床时间尽量固定，是改变睡眠周期很重要的一点。

（2）进行睡眠周期的整体迁移

这条尤其适合晚睡的人，尝试比原来的周期提前一个小时——早一个小时睡，早一个小时起。

（3）尝试减少睡眠周期

如果需要更多时间去做睡觉以外的事，可以尝试减少一个睡眠周期，这要根据自己的睡眠习惯进行调整。

通过高效利用工作时间，实现生活里的"断舍离"以及合理调整睡眠时间，你可能已经有大把的时间被清理出来了，这种感觉是不是仿佛重获新生？有一本书叫《把时间浪费在美好的事物上》，这可能就是你接下来要考虑的事情了。

其实，对于我们遇到的"时间"问题，早就有人为我们准备好了最适合的解决方案，我们要做的就是不停地阅读，不断地提高自己与文字的互动性，找到那些隐匿在文字中的智慧之门，引领我们的人生从最基本的方法论一步步升华到思想的层层开悟。

“我很想阅读，可是没有时间啊！”你的理由还一直回荡在我耳旁。但是现在你有了大把时间，你真的会用清理出的这些时间去阅读吗？如果你还不打算开始阅读，那可以先尝试画画、旅行、健身和插花，或者其他事情。总之，期待你能迈出改变的第一步，这就是我写作本章的初衷。

愿你们有时间做自己喜欢的事，也相信你们当中一定会有人喜欢阅读，如此便好。

第三章

选书：读什么书

静心阅读，看起来容易，却是现代人很难做到的事。让大众重新爱上阅读，需要从培养阅读兴趣开始。

“最近有什么好书，给我推荐一下。”

经常会有人问我这句话，对于这样的问题我也不知道该怎么回答。这就像问“上海什么菜好吃”“北京哪里好玩”一样，上海有那么多餐厅，北京城市那么大，让人怎么推荐呢？这种问题看似简单，却需要回答者对提问者有足够的了解，走心的回答当中包含了很多复杂的背景信息，这样才能给出清晰、准确的答案。

爱读书之人，通常会觉得书海浩瀚，自己读过的书只不过沧海一粟，不了解提问者的需求和提问背景，实在不知道该如何推荐；另外，爱读书之人，通常会认为一个人阅读什么书，是他个人阅读偏好的体现，自己喜欢阅读的书，不一定适合别人，所以对于荐书这件事非常慎重。

不要带着偏见选书

你排斥看的任何好书，都代表着绕不过去的认知障碍或偏见。

有人说：“我从来不看畅销书。”

说这话的人，无外乎想表达这样三个意思：一是我的阅读品位跟大众是有区别的，潜台词是我的思想更有深度；二是畅销书不过是一段时间内的热点，很快就会过时，很难成为经典；三是畅销书之所以畅销，是因为抓住了当下大众的眼球，但不一定是好书。作为阅读推广人，我个人对畅销书的态度是：

1. 价值导向

畅销书能畅销，首先是它的内容做到了通俗易懂，所以看起来会非常快，不需要花费太多时间。选书的时候可以翻阅目录和序言，快速浏览自己最感兴趣的章节，如果有自己感兴趣的内容或认为有价值的内容，就可以买下来快速阅读，而不要在意它是否畅销。

2. 观察视角

畅销书之所以畅销，一定是因为某些内容抓住了读者需求，那么了解这本书畅销的原因和逻辑，其实就是从书的角度观察大众需求偏好，这是一个非常有价值的观察视角。

3. 社交话题

畅销书可以作为聊天的话题，比时政新闻、娱乐八卦更有逻辑深度，书中折射出来的各种问题也可以在聊天当中探讨，让交谈变得更有价值，促进人与人之间的思想碰撞。

4. 认知迭代

因为网络信息结构体系不够健全，也缺乏深度，所以如果想跟上社会的快速发展，必须阅读跟经济和社会发展相关的畅销图书，比如讲微信运营、内容算法或者深度学习的。只有读书才能让自己的知识体系和认知水平不断迭代，跟上时代发展的步伐。

也有人说："我从来不看历史类图书。"

从来不看历史类图书的人，大概是认为自己看透了社会进步、历史发展和朝代更迭的本质，觉得自古以来的历史类图书不过都是一家之言，为成王著书立传罢了。越是年长的人，持有这个观点的越多。历史类图书即使不是完全为成王著书立传，也会因为当时的社会环境和史学家们的认知局限，使著作受制于作者的见识、偏好、格局，甚至性格。作者会基于对成王败寇的理解、对历史发展的认识，以及当时的舆论环境和帝王的开明程度，对所著内容进行创作、增删修订，又经过历朝历代的流传修编，层层筛选，流传至今，的确失去客观性会成为大概率事件。

或许从古至今，没有一本完全客观的历史类图书，但是不能因此说明历史类图书就不值得读，这是两回事。没有人能客观地记录自己从出生到死亡发生的所有事情，就像那些人物自传，作者可能会粉饰自己的成功，而忽略一些他不想让世人知道的隐私，甚至是污点。何况错综复杂的历史呢？寻求所谓的极致客观，本身就很主观。

作为一名阅读推广人，我对历史类图书是这样考虑的，哪怕盲人摸象，也能一点点窥探到历史进程，尽管这个进程可能被史学家修饰、掩盖，但是我们依然能从不同史学家的著作里，找到不同的史记，不同的观点，以及不同的评价。读一本史书，可能会偏听偏信，读十本史书就能发现矛盾冲突，读百本史书就可见历史脉络，读千本史书便知存亡兴替。看历史书，聚焦功过荣辱，是非对错，并不能改写历史。以古观今，如果能从历史曲折演进的过程中，看懂当下的问题和未来的趋势，便可谓智者了。阅读历史，即使有绝对的客观，也无法穿越回历史，改变它的进程。只有不断地认清它更迭演进的趋势，才更有思考的价值和意义。

还有人说："我从来不看悬疑类图书。"

我有个朋友就是这一类人的典型代表。因为她阅读时的投入度比较高，想象力也比较丰富，所以一旦读起悬疑类图书就很难放下，也很难从故事中抽离出来。那些故事会让她在做梦的时候继续延展故事情节，或者在独处的空间想起小说中的场景，造成心理恐惧，因此她一直很逃避阅读这类书。

每个阅读推广人都有自己擅长的领域，也有自己未曾深度涉猎的领域。读书越多，人就会越谦卑，你会发现自己的无知像整个星空，而已知就像星空下渺小的自己。对于读者来说，知道自己排斥的图书类别，找到原因，再选择要不要克服。如果这种阅读上的欠缺影响价值观，就要努力去突破；如果无伤大雅，自己又确实没有兴趣的图书，也可以不必涉猎，每个人可以根据自己的情况自由决定。

至于我这位不看悬疑类图书的朋友，目前没有突破阅读悬疑类图书的意愿，也没有立即去阅读的动力。通过阅读需求模型分析出的结果是，无论是从能力提升、兴趣爱好，还是解决问题看，她都没有阅读悬疑类图书的动力，也就很难产生阅读的实际行动。

弱水三千，只取一瓢饮；好书三千，你会取几本读？如果我们用阅读寿命来计算，一生不过能阅读 3000 本书。

如果我们从出生就开始阅读，每天一本书，一直到 100 岁，能阅读大约 36500 本书。但是，这个数字实践起来不太现实，因为很小的时候不能自主看书，年纪大了眼花看不清书，将数据减半约为 18000 本书，依然是个巨大的数字吧。

我们可以这样来计算：从 19 岁上大学开始，到 78 岁眼睛不花，每周阅读一本书，每年可以阅读 52 本书，60 年可以阅读 3120 本书（这里我们取整数 3000 来进行说明），这个数字看起来少了很多，但是仍然有很多人做不到。如果每一本书都是一个星球，那么，3000 本书跟数以亿计的图书总量比起来，也不过是太阳系跟银河系的关系，根本不是一个数量级。

国家图书馆出版社出版的《中国图书馆分类法（第五版）》中将图书分类目录整理如下：

中国图书馆图书分类法简表

A	马克思主义、列宁主义、毛泽东思想、邓小平理论	TD	矿业工程
B	哲学、宗教	TE	石油、天然气工业
C	社会科学总论	TF	冶金工业
D	政治、法律	TG	金属学与金属工艺
E	军事	TH	机械、仪表工业
F	经济	TJ	武器工业
G	文化科学、教育、体育	TK	能源与动力工程
H	语言、文字	TL	电子能技术
I	文学	TM	电工技术
J	艺术	TN	无线电电子学、电信技术
K	历史、地理	TP	自动化技术、计算机技术
N	自然科学总论	TQ	化学工业
O	数理科学和化学	TS	轻工业、手工业
P	天文学、地球科学	TU	建筑科学
Q	生物科学	TV	水利工程
R	医药、卫生	U	交通运输
S	农业科学	V	航空、航天
T	工业技术	X	环境科学、安全科学
TB	一般工业技术	Z	综合性图书

从以上图书分类简表可以看出，我们平时阅读的图书，都不属于专业科研类图书，而属于相对通用的阅读领域。本书提到的

“致用之书”和“无用之书”，也都在通用阅读范畴之内，属于社会科学领域，并未涉及自然科学领域。

《中国图书馆图书分类法简表》是根据图书的内容、形式、题材和用途做的科学分类，而实际的阅读行为是根据阅读需求确定的，两者之间需要“分类与需求”这一桥梁。我们经常阅读的图书涉及十大类：

（1）马克思主义、列宁主义、毛泽东思想、邓小平理论

（2）哲学宗教

（3）社会科学总论（管理学）

（4）政治

（5）军事

（6）经济

（7）文化、科学、教育、体育

（8）文学

（9）艺术

（10）历史地理

根据近十年对图书行业的关注和分析，大众的阅读需求大致分布如下：

（1）文学艺术类

（2）经济管理类

（3）哲学宗教类

（4）文化历史类

（5）成功励志类

（6）政治军事类

（7）教育心理类

（8）休闲生活类

（9）其他类

在有条件的情况下，建议每个类别的书都选一些来读，这对于完善自己的认知，纠正对某些领域的偏见，打通个人的阅读体系，以及形成跨领域理论的相互验证和共鸣，是大有裨益的，而且非常有意思。

正视需求选对书

将 3000 本书按照阅读动力模型来拆分，可以分为能力发展类 1000 本，兴趣偏好类 1000 本，问题解决类 1000 本，每个类别不低于 1000 本。如果一个人能保证这样的阅读量，那么他头脑中就会形成较为完善的思考模型，就像一个人深入一门学科进行精耕细作，日积月累就会成为这一学科的专家一样。但这同时也意味着这个人可能因为在某一领域研究得太深而导致广度不够，而对未知领域产生偏见。

除了从图书数量上进行分配，从内容上也需要进行区别。根据需求可以划分为几大类：

1. 能力提升——阅读阶梯模型

我们先做一个简单的假设：把一个人一生的能力发展分为

100 个能力模块，每个能力模块需要阅读 10 本书，这样就完成了阅读 1000 本书的目标；如果这 100 个能力模块可以分类汇总在 10 个大的能力模块之下，那就意味着阅读 10（大类）×10（小类）×10（本）=1000 本书就能够掌握这 10 个大类的能力模块了。这样把目标拆分到可以执行的程度，阅读就变得容易多了，而且这样的阅读深度是层层递进的，符合一般的学习规律。

这是一个理想的假设，那现实的阅读情形是怎样的呢？

20 世纪 50 年代后期，美国支持哈佛大学的著名心理专家麦克利兰博士对选拔外交官的方法进行研究。麦克利兰博士经过长期研究，提出了胜任模型及其分析方法，并建立了一家咨询公司，专门承担美国政府选拔外事情报员的任务。1973 年，麦克利兰在其具有标志意义的文章《测验胜任力而非智力》中首次提出胜任力的概念。

> 1982 年，理查德·博亚兹出版了《胜任的经理：一个高效的绩效经理》一书，胜任力模型真正应用于企业领域，并取得了很好的效果。
>
> ——选自《胜任力模型应用实务》

> 目前普遍使用的是斯宾塞夫妇于 1993 年提出的概念，即胜任力是指能够将某一岗位（或组织、文化）上表现优异者与表现平平者区分开来的潜在的、深层次的个人特征，它可以是

动机、特质、自我形象、态度和价值观、某领域的知识、认知或行为技能中任何可以被可靠测量或计数的，并且能显著区分工作中优秀绩效或一般绩效的个体特征。

——选自《胜任力模型应用实务》

经过近两年的研究，并跟多位人力资源专家和高管进行探讨后，我将上述胜任力模型（素质模型）延伸到了个人能力发展领域，来分析和总结个体能力发展的不同阶段，需要哪些不同的能力模块。随着年龄的增长，很多能力存在着或多或少的互补递进关系，我们将每个人需要的能力，匹配到阅读需求当中，设计了个人能力发展的阅读模型，称之为阅读阶梯模型。

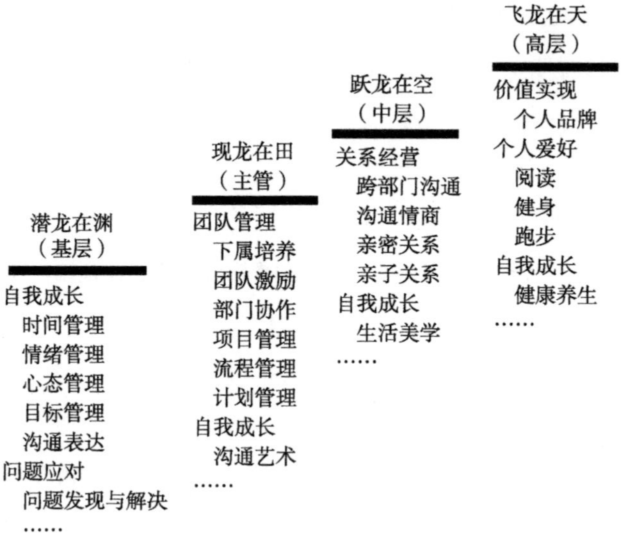

阅读阶梯模型

阅读阶梯模型将不同年龄段的个体能力发展分为不同模块，然后根据每个个体能力发展的需要，将个人的基本能力分为八大模块和四十七个子模块，其中专业能力并没有一一开列，它们不需要同时具备，只需要具备其中的某一项或某几项即可。

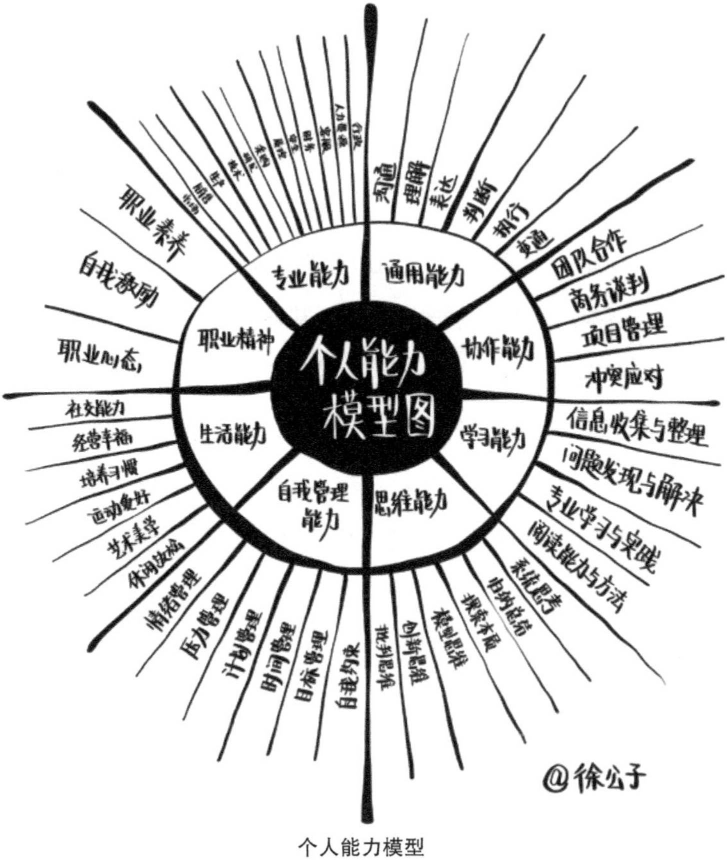

个人能力模型

每个人的书单可以根据自己的年龄、兴趣以及工作岗位制定，并对照个人能力模型进行调整，从而选择适合自己的图书。年轻的朋友还有必要涉猎个人能力模型里属于自己短板的那一部分图书。

需要特别说明的是，这里的个人能力模块中的专业能力是以企业中的岗位分工进行分析的，对于政府机构、事业单位以及其他社会组织等，或许不太适用。

因为现代社会岗位众多，涉及的职业技能也非常多，不能按照岗位需求一一推荐，但是读者可以根据自己希望从事的行业和相应岗位的能力要求，提早进行能力准备，并进行大量的专题阅读，以迅速提高自己在该领域的专业素养和基本能力，构建知识体系，打造核心专长。

对于专业能力这一模块，这里特地做一下案例说明——为大学生朋友提供寻找专业能力方向的基础读本，希望大学生朋友能够在确定自己的专业能力前，思考自己的人生定位、性格特点和个人专长，并确定配套的思考工具，然后再去决定进入什么行业，从事什么职业。很多朋友当初的就业选择来自长辈的决定，现在看来，自己并不满意，想换发展轨道，也可以阅读以下图书：

（1）人生定位——了解自己想干什么

《定位》《人生定位》，作者：艾・里斯、杰克・特劳特

（2）性格测试——了解自己适合干什么

《九型人格》，作者：唐・理查德・里索、拉斯・赫德森

（3）核心能力分析——知道自己能干什么

《商业模式新生代（个人篇）》《价值主张设计》，作者：亚历山大・奥斯特瓦德

（4）思考工具——帮自己做系统分析并作出决策

《金字塔原理》，作者：芭芭拉·明托

《平行思考》，作者：爱德华·德博诺

2. 兴趣爱好——阅读地图

爱因斯坦说："兴趣是最好的老师。"培养自己的阅读爱好，要从兴趣开始。有阅读意愿却不知道自己该读什么书的人，可以从自己感兴趣的领域着手选书，最好通俗易懂，易于沉浸，这样阅读兴趣会得到深度激发。一般我会推荐朋友先从小说读起，爱情小说、武侠小说、官场小说都行，不同年龄段、不同性别、不同行业和岗位的人，关注的内容会各有偏爱。小说的情节引人入胜，能够使人很快地投入其中。对于长时间不阅读的人来说，可以找一本自己感兴趣的小说，重新开启阅读之旅，既放松心情，又能找回阅读乐趣，一举两得。

很多朋友都是由着自己的性子来阅读的，有的只喜欢读财经管理，有的只喜欢读传记，有的只喜欢读养生，还有的只喜欢读休闲书。对于这样的朋友，以前我还会试图说服他们，告诉他们阅读要广泛涉猎。后来我发现，改变人的阅读偏好并不是一件容易的事。所以，后来我改变思路，请那些专注于某一领域阅读的朋友给我推荐图书，我也因此读到了很多经典好书。

很庆幸这些年我一直在从事阅读推广工作，经常会有朋友让我帮他找某一本书。在找书的过程中，如果我发现这本书还蛮有意思的，就会多采购一本，自己也读一读。所以，通过工作，我关注到了很多自己视野之外的好书。下面讲一个我被朋友改变的小故事：

一次，一位北京的朋友让我帮他找一本唐德刚的书——《从晚清到民国》，在那之前我从没读过唐德刚的书，出于好奇，就多买了一本。读过之后，我发现唐德刚的文笔轻松幽默，写作考证繁多，内容通俗易懂，视角犀利独特，于是一口气买了他的全部作品，包括《段祺瑞政权》《从甲午到抗战》《袁氏当国》《李宗仁回忆录》等。同时，我还发现了台湾传记文学这一书系，找到了《冯玉祥传》《再见大师》《民国三大校长》《问学谏往录》《王映霞自传》等一批传记文学，以及一批平时不太关注的作者，又进一步去搜罗他们的书来读。在这个过程中，我还特别关注了胡适的作品——《中国哲学史大纲》《尝试集》等，现在畅销的《胡适四十自述》和《容忍与自由》都是由胡适的作品整理编辑成册的。要想了解更多胡适的思想和价值，恐怕还得找寻原著来读。

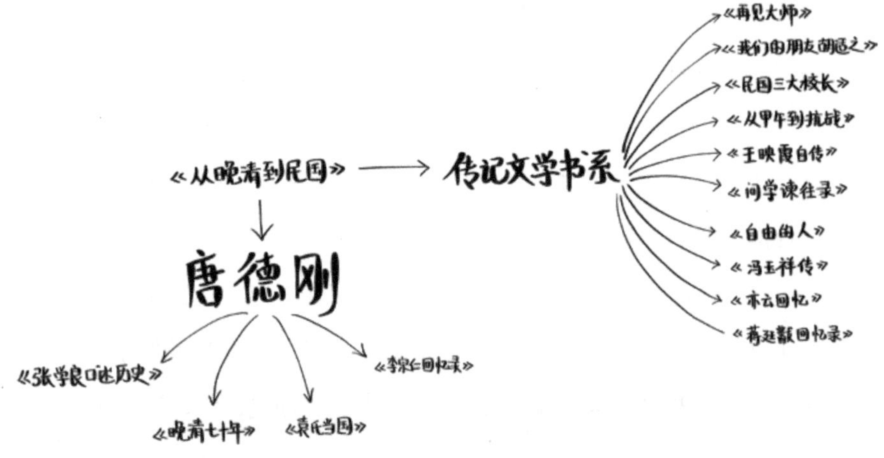

我画了一张民国人物关系及作品图，以此增加我的阅读乐趣，也加深了我对作者的记忆和作品之间关系的理解。同时，我还搜罗了一些好书准备慢慢阅读。

这里有个很有意思的视角也需要说明一下，就是阅读史书的历史观。历史学家不可避免地会遭到不同意见者的批判，尤其是后世的批判。以历史的真相作为阅读历史的视角，本身就立于危石之上。在读历史图书时，探究真相本身乐趣无限，但也危机重重。

阅读历史，只是观察历史演进的一个视角，从这个视角可以洞察历史发展的普遍规律，所以不需要纠结于事实本身。比如唐德刚，他在观察历史的过程中，做了对未来的大胆假设。他在《晚清七十年》一书中提出了著名的“历史三峡论”，这本身就是一种大胆的推断。面对此类推断，读者可以站在批判的角度进行审视，但如果不是研究人员或学者，也不必执着于历史的真实可靠性，那些真正的研究人员或学者，会反复求证，为读者还原真实的历史。于我个人而言，选择尊重史实和史料研究，但不纠结于历史的某个细节。

阅读就像一场说走就走的旅行。发现一本好书，就像发现了桃花源，“初极狭，才通人，复行数十步，豁然开朗”。至于这片桃花源是否真实存在，就交给学术研究吧，对于普通的阅读者来说，书海浩瀚，大道至简，自不必纠结于细枝末节。

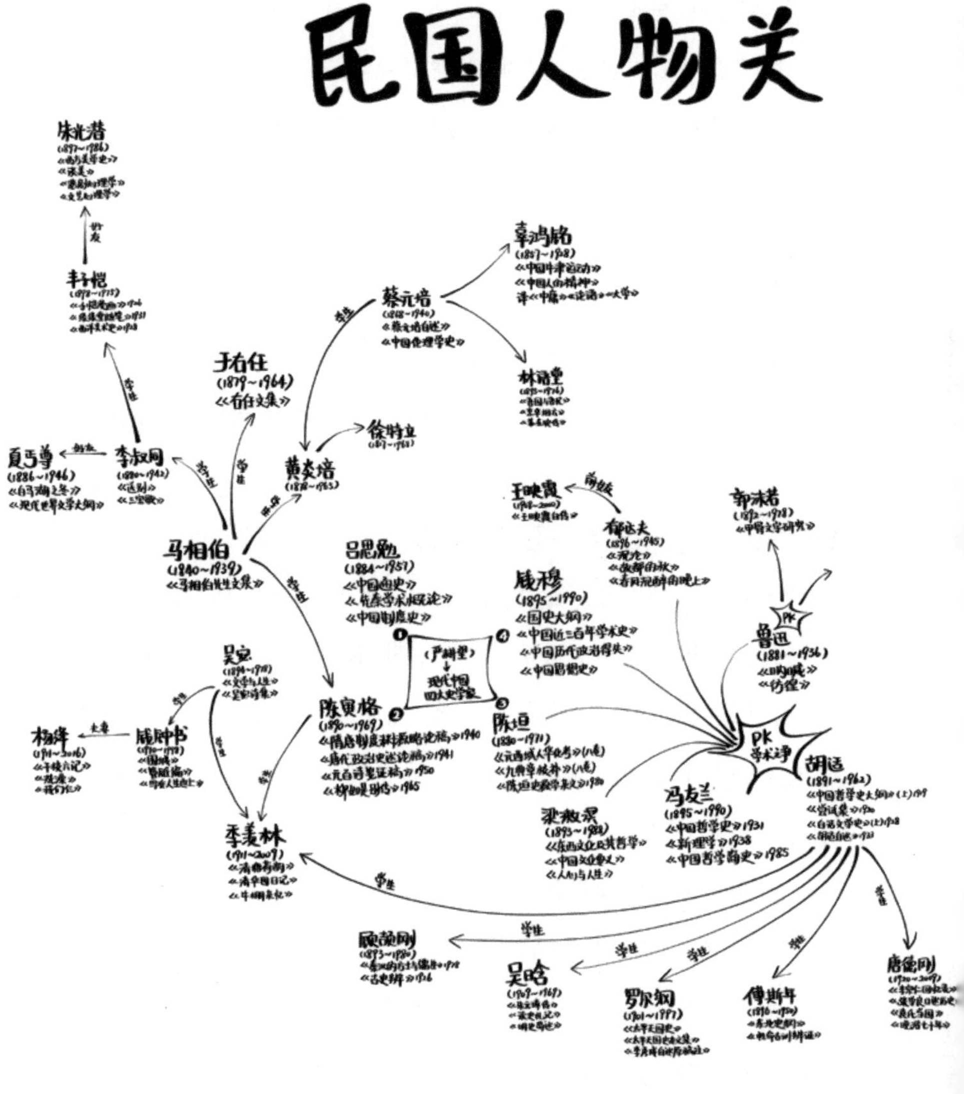
民国人物关
朱光潜
丰子恺
李叔同
夏丏尊
(1886~1946)
于右任
(1879~1964)
《右任文集》
蔡元培
《中国伦理学史》
辜鸿铭
《中国人的精神》
林语堂
黄炎培
徐特立
马相伯
(1840~1939)
《马相伯先生文集》
吕思勉
(1884~1957)
《中国通史》
《先秦学术概论》
《中国制度史》
严耕望
现代中国四大史学家
钱穆
(1895~1990)
《国史大纲》
《中国近三百年学术史》
《中国历代政治得失》
《中国思想史》
陈寅恪
(1890~1969)
陈垣
王映霞
郁达夫
郭沫若
鲁迅
(1881~1936)
《呐喊》
《彷徨》
PK
学术之争
胡适
(1891~1962)
冯友兰
(1895~1990)
《中国哲学史》1931
《新理学》1938
《中国哲学简史》1985
梁漱溟
(1893~1988)
《东西文化及其哲学》
《中国文化要义》
《人心与人生》
吴宓
钱钟书
杨绛
季羡林
学生
顾颉刚
吴晗
罗尔纲
傅斯年
唐德刚

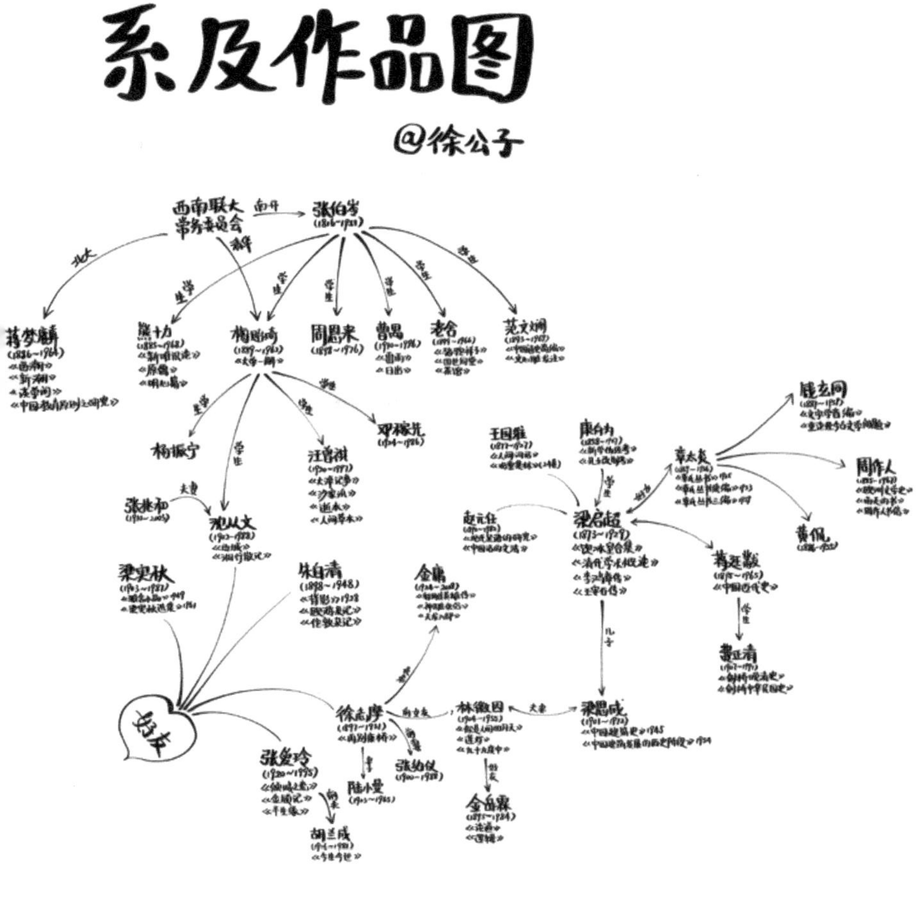
系及作品图
@徐公子
西南联大常务委员会
南开
张伯苓
清华
北大
蒋梦麟
熊十力
梅贻琦
周恩来
曹禺
老舍
杨振宁
邓稼先
汪曾祺
张兆和
沈从文
梁实秋
朱自清
金庸
徐志摩
林徽因
梁思成
张爱玲
胡兰成
陆小曼
张幼仪
金岳霖
王国维
康有为
梁启超
章太炎
钱玄同
周作人
黄侃
赵元任
蒋廷黻
费正清
好友

如何绘制属于自己的阅读地图呢？

首先要从阅读第一本书开始，从自己喜欢的图书类型入手。

在帮企业做阅读品牌策划的过程中，我发现很多人都是从自己的爱好出发开始阅读的，比如选择旅行这个领域。

选择旅行作为阅读的开始其实很容易理解，大家都喜欢自由自在地玩耍，最好想去哪去哪，想待多久待多久。我也有这么不切实际的想法，无奈自由和财力双重枷锁，让想象力跟执行力分了手。

很多人做旅行攻略喜欢从网上直接找，虽然简单轻松，但殊不知，阅读旅行攻略可以同时积累写游记的素材。这样，旅行、阅读和写作就可以三位一体了。阅读旅行类的图书，属于阅读兴趣培养和阅读活动分享的初级阶段，是培养阅读兴趣的一种方式，是借由自己的一个爱好延展到另一个爱好的做法，并不是唯一的方法。这种方法只适用于那些长久没有拿起书的人，稍微有点阅读兴趣的人，这种方法都显得过于简单。

很多人还喜欢选择国学进行阅读。

国学领域之所以备受关注，是受到天时地利的影响。当下国家正在大力提倡“文化复兴”，各种国学培训机构和读书会纷纷涌现。国学其实是近年来对于中国传统文化的一种通俗叫法，并无真正的国学概念。中国传统文化里有很多精华值得人们学习，但问题是大家不知道如何学习国学，比如《论语》有很多译本，对它不了解的人不知道哪个译本翻译得最准确，哪个译本是经过严谨考证的，哪个译本最适合自己。我问过一些朋友类似的问题，大家的确都很迷茫。

我对国学书目做过一阵子研究，发现“读什么”这个问题着实困扰着大家。

我综合了《朱子读书法》《梁启超读书指南》《古书真伪常识》等书里的内容，根据朱子循序渐进之阅读法，将经典书目及其阅读顺序绘制成了一张图：

其中单《论语》《孟子》的版本，梁启超就多番考究，如《梁启超读书指南》所述：

“《论语》为两千年来国人思想之总源泉。《孟子》自宋以后势力亦与相埒。此二书可谓国人内的外的生活之支配者，故吾希望学者熟读成诵；即不能，亦须翻阅多次，务略举其辞，或摘记其身心践履之言以资修养。

《论语》《孟子》之文，并不艰深，宜专读正文，有不解处，方看注释。注释之书，朱熹《四书集注》，为其生平极矜慎之作，可读，但其中有堕入宋儒理障处，宜分别观之。清儒注本，《论语》则有戴望《论语注》，《孟子》则有焦循《孟子正义》最善。戴氏服膺颜习斋之学，最重实践，所注似近孔门真际，其训诂亦多较朱注为优，其书简洁易读。焦氏服膺戴东原之学，其《孟子正义》在清儒诸经新疏中为最佳本，但文颇繁，宜备置案头，遇不解时，或有所感时，则取供参考。

戴震《孟子字义疏证》，乃戴氏一家哲学，并非专为注释《孟子》而作，但其书极精辟，学者终需一读。最好是于读《孟子》时并读之，既知戴学纲领，亦可以助读《孟子》之兴味。

焦循《论语通释》，乃摹仿《孟子字义疏证》而作，将全部《论语》拆散，标举重要诸义……列为若干目，通观而总诠之；可称治《论语》之一良法。

陈澧《东塾读书记》中读《孟子》之卷，取孟子学说分项爬疏，最为精切。”

以上为梁启超悉心推荐的《论语》和《孟子》注释的相关书

籍，我亦悉数买来参考阅读，获益匪浅。其他经典图书的注释，读者如果想仔细了解，可以从《梁启超读书指南》一书中寻求推荐。

书与书不是孤立存在的。绘制阅读地图，就像体验了一场说走就走的旅行之后，写了一篇绘声绘色的游记。在阅读中偶然获得一本书，经由它的指引，你会发现更多经典，找到更多好书。对于书中推荐佐证或者引用的其他书，把它们一一标记出来，再选择自己感兴趣的继续阅读，你就可以在这个领域里获得更深刻的理解和别有洞天的新感受。阅读的乐趣，循环往复，乐此不疲。慢慢地你会发现，你已经成为某一个领域里的小专家，已经对这一领域中的经典图书如数家珍，已经能讲述并分析这一领域里的理论，并能阐述和发表自己的见解了。

通过绘制阅读地图，你阅读的所有图书之间的关系，会从简单的时间关联变成复杂的理论验证，甚至形成属于你自己的“阅读树”，让你拥有完整的阅读体系。

3. 问题解决——阅读处方

很多人平时不怎么阅读，但是遇到问题时，还是会努力地从书中寻找答案。我把那些能够解决工作、学习和生活中的问题的图书，称为阅读处方，即阅读书单。为自己的问题开列阅读处方，就像医生为自己看病一样，难度还是很高的，所以你可以找读书多的人，请他依据你的情况推荐图书。

我看到很多人不能解决自己“读什么”的问题，通过各种途径获得的解决方案依旧很落后。作为阅读推广人，我希望借助图书大数据平台，研发阅读测试系统，尝试阅读需求开发，真正关注读者需求，通过专业化的推荐，解决个性化的问题，为读者提供更优的解决方案。筚路蓝缕，以启山林，路漫漫其修远兮，吾将上下而求索。

（1）系统思考的阅读处方

在做阅读推广的过程中，我会跟一些爱阅读的朋友聊天，经常听他们说这样的话："我的孩子刚工作，感觉他考虑事情还很不成熟，甚至很幼稚，不懂人情世故，但是自尊心又很强，说他也不听，说多了还嫌我烦，真拿他没办法。要不你给我推荐几本书让他看看，考虑事情可以周全一点。"这充分说明在父母眼中，孩子永远长不大的"事实"。其实，孩子已经长大了，需要更多历练，来增加人生阅历，仅仅读几本书解决不了父母眼中的这些问题，它是个系统问题，需要长期的教育和引导。但是读书确实可以提升认识和思考的深度。

①形成思考模式

《金字塔原理》，作者：芭芭拉·明托

《水平思考》《六顶思考帽》，作者：爱德华·德博诺

《结构化创新》，作者：英格丽·歌斯特巴赫

②改变思考方法

《大脑整理术》，作者：约翰·B. 雅顿

《关键提问》，作者：詹姆斯·E. 瑞安

③掌握训练工具

《思维导图》，作者：东尼·博赞、巴莉·博赞

（2）亲密关系的阅读处方

美好的爱情总让人充满期待，但甜蜜并不能永远持续，而只是关系的开始。随着两个人相处时间的增长，往往会因三观不合或意见不合产生矛盾纠纷，摩擦不断，吵架冷战，直至不欢而散。如果这些发生在恋爱期，那么这只是一次失恋；但是如果发生在婚姻内，甚至已经有了孩子，那么这场没有硝烟的战争，除了会给双方带来精神和物质损失之外，也会不可避免地殃及孩子。

我阅读过大量相关图书，也听取过很多案例，亲自调和过一些关系。在打造女性悦读品牌的过程中，为了让女性在亲密关系中获得自我成长，基于各种理论和实践经验，我开出了一张亲密关系阅读处方，希望读者在阅读处方中看到问题的根源，并找到解决问题的方法，改善和优化亲密关系，获得饱含经营智慧的幸福。

①认识根源

《原生家庭心理学》，作者：蒂姆·德斯蒙德

《为何家会伤人》《为何爱会伤人》《为何越爱越孤独》，作者：武志红

②学会方法

《男人来自火星，女人来自金星》，作者：约翰·格雷

《亲密关系》，作者：克里斯多福·孟

《亲密关系的秘密》，作者：杰夫·艾伦

《爱的五种语言》，作者：盖瑞·查普曼

《非暴力沟通》，作者：马歇尔·卢森堡

③自我进化

《学会爱超越爱》等素黑全系列，作者：素黑

《遇见未知的自己》等张德芬全系列，作者：张德芬

（3）子女教育的阅读处方

有了孩子之后，人们的重心势必会向孩子倾斜，尤其是女性。在这个阶段，掌握一些科学养育的理论和方法，会让亲子关系张弛有度，同时自己的精力也会得到更加合理的分配。切记：不要将全部精力都倾注在孩子身上，这样孩子会有压迫感，自己也会身心俱疲。

①关系认知

《情商》系列，作者：丹尼尔·戈尔曼

《儿童心理学》，作者：鲁道夫·谢弗

②教育理念

《童年的秘密》等早教经典名著，作者：蒙台梭利

《卡尔·威特的教育》，作者：卡尔·威特

《斯托夫人的自然教育》，作者：斯托夫人

③教育方法

《正面管教》，作者：简·尼尔森

《非暴力沟通》（亲子篇），作者：马歇尔·卢森堡

（4）情感创伤的阅读处方

一场刻骨铭心的恋爱结束了，一场举足轻重的考试失利了，一场拼尽全力的比赛失败了，一场耗尽时光的婚姻不欢而散了，

一次志在必得的竞聘落选了，一次压上身家性命的投资破产了，甚至重要的亲人病故了，都会对人的心理造成不同程度的创伤。

心理学上对这些创伤分类很细，用抑郁症、狂躁症、焦虑症等称呼来定义和描述上述原因造成的心理疾病。我这里重点讲述的是，上述所列原因没有导致心理疾病，但是又表现出一些与病症相似的症状，或轻或重的情况。还有一些人已经产生了心理疾病或者处在边缘，但是因为不了解心理学知识，饱受情感和精神的折磨，需要很长时间才能让自己摆脱这种状态。有这类心理问题的人，绝大部分都要依赖亲友的支持，才能从创伤中走出来；如果不被家人理解，很可能导致病情越来越重，最终走向悲剧结局。

这里提供一张治疗心理创伤的阅读书单，希望那些正在经历或者曾经经历过这种状态的人，能够更加深刻地理解这种状态，并看透产生这种状态的原因所在，在自愈的道路上获得精神支持。

造成心理创伤的原因不同，表现不同，程度不同。建议大家及时跟心理咨询师进行沟通，以确认自己是否患有某些心理疾病，或者有患病倾向，避免使自己长期处在不良状态中无法自拔，造成无法挽回的后果。

①认识心理创伤

《心理咨询师（基础知识）》

《心理咨询师（习题及案例集）》

②看见心理创伤

《摆渡人》，作者：克莱尔·麦克福尔

《情绪》，作者：丽莎·费德曼·巴瑞特

《为何家会伤人》，作者：武志红

③学习理论

《红书》等系列，作者：荣格

《自卑与超越》等系列，作者：阿尔弗雷德·阿德勒

④掌握方法

《伯恩斯新情绪疗法》，作者：代维·伯恩斯

《心理治疗中的依恋》，作者：David J.Wallin

《给心理治疗师的礼物》，作者：欧文·亚隆

《自控力》，作者：凯利·麦尔尼格尔

《运动改造大脑》，作者：约翰·瑞迪、埃里克·哈格曼

（注：前三本理论性较强，后两本更适合实践）。

以上书单都是相对宽泛的推荐，属于入门类的认识，针对生活和工作中的具体问题，还需要具体分析，制定更加个性化的阅读处方。

其实，你遇到的每一个问题都应该对应一张阅读书单，从书中找到问题的根源，分析问题的关键要素，然后身体力行地去解决问题，才能获得成长。没有一本书是孤立存在的，书与书的理论互相支撑，案例互相验证，通过排列组合，形成不同的价值体系。所以，要通过组合式的主题阅读，了解书与书的价值关系。

对于持有求知阅读观的人来说，获得知识就是最好的价值收

获；对于持有实用阅读观的人来说，学以致用就是最好的评价标准；对于持有休闲阅读观的人来说，放松身心就是最好的阅读体验；对于持有探索阅读观的人来说，思想启迪就是最好的精神享受。阅读中，各种诉求相互结合，会获得全方位的阅读感受，可以塑造立体、丰满的精神世界。

第四章

泛读：怎么读

提高阅读能力，从阅读能力进阶提升法开始。阅读能力的提升遵循指数级增长逻辑，读得越多，读得越快，理解越深。

朱熹说："读书之法，在循序渐进，熟读而静思。"古人这些劝学经典名句，对于现代人来说，做起来太难了，因为拿起手机总比拿起一本书容易得多。现代生活中，手机不离身者众，书不离身者寡。

之所以到第四章才来写读书方法，是考虑到从古至今读书的方法论不可谓不多，迭代速度不可谓不快，对于不喜欢阅读的人来说，这些方法论都是隔靴搔痒。所以这本书并没有从第一章就写方法论，而是寻根溯源，从为什么要阅读入手跟读者进行探讨，之后再进入如何调整阅读心态以及读什么的探讨，再之后才进入怎么阅读等方法论问题的讨论。我始终坚信问题一定要被分拆破解，循序渐进地突破，才能最终解决。

四层进阶阅读能力培养法

我大胆地提出四层进阶阅读能力培养法，这是阅读习惯逐步养成的逻辑，儿童阅读习惯的养成也要遵从这个逻辑，所以我们可以跟孩子一起来培养这个习惯。四层进阶即玩阅读—趣阅读—

浅阅读—深阅读，这个逻辑让阅读这件安静耗时的事情，变得更接地气。与四层进阶相对应的是培养阅读能力的四个过程，即有趣地读书—读有趣的书—读无趣的书—无趣地读书。

阅读是可以玩起来的，但玩并不等同于娱乐化，更多的是阅读心态的轻松化。可能很多人会质疑："我给你一套《资治通鉴》，你给我玩玩看！"从我的认知看，这也未尝不可。原版《西游记》，文白间杂，给孩子念的确很难懂，但是凯叔讲《西游记》就将它变得通俗易懂了；考据严谨的《中国通史》被解读成亦庄亦谐的漫画，的确吸引了更多读者。可能这已经不符合一部分人对读书的理解，但这就是真实的阅读现状。

1. 玩阅读——有趣地读书

之所以将这个阶段称为玩阅读，主要跟阅读形式和内容有关。如果一定要对应某种阅读形式，那就是碎片阅读。这个阶段适合已经常年不读书，或者一年读书量只有三五本的人，他们缺乏良好的阅读习惯，也基本丧失了阅读兴趣。这些人就像阅读中的抑郁症患者，对阅读这件事已经提不起任何兴趣，甚至有几分嫌弃和厌倦，通常秉持读书无用论。

如果我们意识到了网络信息不能代替阅读，渴望找回阅读兴趣和阅读习惯，可以尝试将阅读与休闲娱乐结合在一起，让阅读重新融入自己的生活。儿童阅读习惯的养成是从绘本、故事书、涂色书、剪纸书开始的，成年人的阅读习惯也可以从"玩"开始，选择一些适合的绘本或者图文并茂的书。

年轻人可以看几米的作品：《不爱读书不是你的错》《几米：躲进世界的角落》《我不是完美的小孩》《又寂寞又美好》等，或者慕容引刀的作品：《微笑的咖啡杯》《刻在心里的画》《懂你的人会懂你的好》《让爱点亮》《童年的星星还在吗？》《爱你不是两三天》《爱上容易爱下去很难》等；年龄稍长的人可以看一些图文并茂的书，比如蒋勋的《肉身觉醒》，老树的《在江湖》等，联想到自己的过往，会有不同的感触。

绘本和图文并茂的书好玩之处在于，你可以在书上写写画画，也可以自问自答。一问一答之间，你对内容会更加印象深刻，也会理解得更加透彻。那些纯文字的书，如果读起来枯燥无味，也可以通过提问和插图来增加“玩”点，这是激发兴趣的好方法。在这个过程中，阅读可以随兴所致，不用管读了几页，读了多少字，投入其中，读过就好。

摄影、插画、绘画、美食和旅行类的书，都可以作为这个阶段的读本，总之要让书像日用品一样，全面回归我们的生活。我们也可以从这些书中，找到跟我们原有兴趣相关的内容，从书中学习一些生活技能，体会书提供给生活的便利，以及学到技能之后的愉悦感。

慢慢地，在生活中翻书成为一种习惯，有想了解的小知识，想学习的新技能，要解决的生活小问题，就开始有意识地寻找同类书来探索方法。这是一个在“有趣”基础上，培养我们与书链接的新路径，就像在大脑中开辟一条“生活与书”的新神经通路。鲁迅先生说：“地上本没有路，走的人多了，也便成了路。”

我们的大脑里本来没有这条路，或者已经荆棘丛生了，我们就依靠“玩”，重新修一条阅读的脑路——“大脑里本没有路，用得多了也便成了路”。

2. 趣阅读——读有趣的书

在阅读过程中有了收获感以后，就会逐渐产生兴趣。开始趣阅读之前，对阅读的认识还不能过于庄重，想象太多阅读的仪式感，“安静的咖啡馆，细雨蒙蒙的下午”或者“瑞脑香曳落灯花，红袖添香夜读书”，这对场景要求太高了。如果你离读书还差一个悠闲的下午，或者还缺一个明净的书房，那阅读还只能是你的“心中落雁，梦中沉鱼”。恐怕你还没找到合适的场景，时间早已被其他事情挤占了。

现实的阅读很简单，包里放一本书，随时随地拿出来看两眼，随时随地思考，随时随地问问题，随时随地写两句感悟。虽然手机、电子书也可以阅读，但是当面对密密麻麻、有趣好玩的 App 时，你的“敌人”太多了，你很快会被它们吸引。

进入趣阅读阶段，就可以读自己喜欢的类别的图书了，建议从小说开始。你喜欢武侠、科幻、玄幻或者言情，都可以作为继续培养兴趣的着力点。因为被故事情节吸引，渴望知道故事结局，所以阅读的时候精力会很集中，会在不知不觉中提高阅读速度。如果说玩阅读推荐的书是阅读殿堂门口的“小花园”，那么，小说就是进入阅读殿堂的“门”。从这个“门”走进阅读的世界，很快就可以“登堂入室”。

怎么进行趣阅读？尽量选择睡前或者周末这些相对大块的时间段，地点可以是床上、地铁上、火车上或是飞机上，方便随时入境，沉浸在小说中。零零星星地读小说很容易忘记故事情节，没多长时间就会失去兴趣，处在这个节点时要刻意保护一下自己脆弱的兴趣，直到养成阅读习惯。

在这个阶段推荐阅读海明威、马尔克斯、金庸、刘慈欣、村上春树、东野圭吾等人的书，这些名家名作是人类智慧最绚烂的光芒和精神瑰宝，带我们进入多维立体世界。作家们驾驭着语言的探测器，带着读者纵览古今，横观中外，穿越时空，体验或真实或虚构的精神之“浩瀚宇宙”。

在这个阶段激发的是好奇心，好奇心将驱使你去探索更广阔的现实世界和精神世界。

3. 浅阅读——读无趣的书

对阅读产生兴趣之后，进入浅阅读阶段，就可以开始涉猎不太喜欢的门类了，以扩展知识体系，延展知识面。在前两个阶段培养的阅读能力，将使你抗拒自己不喜欢的图书类别，而好奇心和求知欲，会驱使你去尝试更多的图书门类，涉猎更广泛的图书。

在这个阶段你可能会涉猎很多自己不太关注的领域，但却有可能激发新的兴趣点，也有可能因为枯燥半途而废。在阅读一本书之前先问自己三个问题：这本书的内容是什么？主要观点是什么？作者的写作意图是想解决问题还是想表达思想？带着这样的问题去读书，你会非常希望从书中找到问题的答案，目标感会驱使你战胜枯燥感，打败厌倦心理，探索新的图书门类。最怕你会因为之前的偏见和误解放弃阅读，所以要克服偏见，确保自己的放弃是因为图书的确没有价值，而不是因为自己固有认知的束缚。

在浅阅读阶段，可以沿着自己的目标快速阅读，也就是通常说的泛读，找到自己想要获得的价值和内容。泛阅读利于开阔自己的视野，让看待事物的角度变得多元，能够逐渐客观地认识一本书，认识一个主题，甚至一个领域。

在这个阶段可以读一些财经管理类、历史类或者哲学类的图书，打开未知领域。坚持一段时间后，或者阅读量达到大几百本，你的知识面就会变得广泛，能力也开始得到系统的提升。因为什么领域的知识你都开始懂一些了，所以在跟别人交流的时候，就会更有话题可聊，更能领会别人的意图，也更容易产生共鸣，而你也开始渴望表达自己的一些观点和想法。这个阶段激发的是分享欲，分享欲会促使你提升在一个领域的专业度，以此获得更广泛的认同和尊重。

4. 深阅读——无趣地读书

经过广泛涉猎的浅阅读阶段，你会发现自己阅读的类别太杂，对某一个学科或专业的研究不够精深，于是开始就自己感兴趣，或者工作需要的某一门类进行大量且专注的深度阅读。同时，思考记录阅读中遇到的问题，试图寻求问题的解决方案。在这个过程中，你会系统地获取知识，打造自己的理论和思维体系，慢慢形成自己对这个领域的深度见解，并渴望跟业内专家交流，以验证自己的收获。这个阶段就是深阅读。如果在浅阅读阶段形成的是一片连绵不断的山脉，那么，在深阅读阶段打造的就是这片山脉的最高峰；如果泛阅读让我们找到更多看待事物的视角，那么，深阅读就能让这些视角足够深刻。

尼采说："面向大众的书常常散发着恶臭。"这句话虽然相当刻薄，但也说透了大众阅读存在深度不够之类的问题。所以进入深阅读阶段，就需要用精读的方式去阅读经典图书。千百年来，国内外流传下来的经典名著都会在这个阶段进入你的阅读视野，其他书的光芒会渐渐被掩盖，甚至让你提不起兴趣。

我也经常听有的朋友说只读经典图书，言下之意是对其他类型图书的嗤之以鼻，这也是阅读中的"傲慢与偏见"。每一类书都有其存在的原因和价值，不必刻意排斥，也不必刻意批判，学会公正地评价一本书，也是一种胸怀。

那么，如何进行深阅读呢？

首先，要关注作者背景和图书的写作背景，在阅读前了解这些，有助于你理解书中的内容。经典图书之所以能流传下来，除了作品经典之外，一定有其独特的历史原因，不容忽略。

其次，不能再像之前一样囫囵吞枣地阅读，允许自己一知半解。这个阶段一定要有专心做学问的态度，对于不懂的内容要花时间找资料，找人请教，直到彻底明白。

再次，进行深阅读时，可以断断续续地读，也可以几本书穿插读，但是每本书的每段内容都要做到彻底读懂。同时，必须做阅读笔记，并撰写阅读心得。“学而不思则罔，思而不学则殆”，之前那三个阶段都是为了培养深阅读的治学能力和习惯。

最后，要有怀疑精神。经典毕竟属于经典产生的那个年代，流传至今，时移世易，免不了会“水土不服”，我们在阅读时要秉持“取其精华，去其糟粕”的态度。

深阅读能力是带领我们穿越无趣的孤独人生，通往思想自由的必经之路。人生真正的灵魂伴侣往往是淹没在浩瀚书海里，等待你拿起来，掸去灰尘的那一本书。切记：谨慎地在新书中寻找灵魂伴侣，因为它们可能读不懂你汲取日月精华，接受岁月雕琢的阅历。

这四个阶段伴随一个人阅读习惯的养成，时间有长有短。因为有的人会不经历第一个阶段而直接跳到趣阅读，所以在经过趣阅读、浅阅读和深阅读之后，你所读的书就会有机地结合在一起，变成一个无形的选书和读书体系，并伴随阅读爱好者一生。

有一些人虽然会大量阅读，但是不会考虑阅读行为逻辑，如同很多人忙忙碌碌工作，却不考虑工作逻辑一样，最终变成一个忙碌于事务性工作的机器，无暇思考行为背后的运转逻辑，更无从谈起改变。我认识一位高管，年近五十，只看经管类的图书，其他类别的书没时间也没兴趣读。这类人喜欢阅读，但阅读类别常年不变，而且已经形成了固有的价值观。我们可以说他们极度专注，但这种专注会不会带有某种偏见？这里我不做评价，只是提出疑问。

在养成阅读习惯后，综合运用以上提供的方法进行主题阅读，就能帮助我们培养并提高专业能力，让我们具备深度思考的能力，激发个人创造力，透过现象看清事物本质。

关于主题阅读，这里为读者提供一套切实可行的方法，通过三个关键数字——100、10、1 为大家解读。如果你对某一主题感兴趣，确认这个主题能够精准聚焦，然后海量购买并阅读这一领域的书籍，建议 100 本左右；然后通过快速阅读，从这 100 本书中找出你觉得对这个领域贡献最大的 10 本，泛读这 10 本书后，选择 1 本最经典的进行精读，并做好阅读笔记。

你可能会说："我直接找专业人士给我推荐一本最经典的书，不就可以了吗？"是的，专业人士之所以能给你推荐书，是因为他知道哪本书是最专业的，他有对这个领域的评判能力和鉴别能力，而你缺乏的正是这个能力。

所以对一个领域的大量主题阅读，能够帮助你形成自己的知识框架体系，找到深度看问题的角度，提升鉴别能力。不同的书肯定有很多内容重复，这正好可以加深记忆，重复的部分也正是这一领域大家关注的焦点，不重复的部分则呈现出不同作者的不同侧重角度。阅读过程中要保持开放的心态，寻找不同视角，不要抱着批判的态度去阅读，因为这会让你像个老师，而不是求知的学生，会让阅读效果大打折扣。

在阅读过程中，要记录大量阅读笔记，总结别人的经验，提出自己的疑问和研究问题的视角，以便快速积累这一领域知识。在接下来的一两年内要进行实践，用以验证阅读所得知识、经验和方法是否正确。同时，要请教专家。两三年下来，你很有可能在这个领域初露锋芒。但切记不要自满，要继续刻意学习，并精进练习，从这一领域延伸到相关领域继续阅读，慢慢地从专业到精通，积累十年以上，才有机会真正成为一个专家。

选择适合自己的阅读方法

在介绍了如何阅读之后，我要针对具体图书类别，介绍一些实用有效的阅读方法。

1. 经管类图书的阅读方法

经管类图书一般书名诱惑性不大，基本都会精准地指向书中的精华内容，并用关键词来概括。经济类如《微观经济学》《宏观经济学》；管理类如《公司治理》《战略管理》《品牌管理》《市场营销》。自我管理类图书一般以实用方法为主，要跟经管类图书区别开来，特别是一些成功励志和心灵鸡汤方面的图书也会被归入自我管理类，需要认真鉴别。

经管类图书有一点比较具有迷惑性，就是一些知名度比较高的财经作家，其成名后的作品质量并不高，并无太多精华可言，这一类图书还要悉心辨别。与此同时，很多企业传记类图书都是外部观察者撰写的，根本没有企业创始人或者现职高管署名，甚至作者跟企业的核心团队毫不相干，没有第一手资料，没有深入访谈，只是对从公开渠道获取的信息进行分析整理，其观点并不能体现企业的真实情况和高层的真实想法。这类图书更加需要细致甄别。虽然我们不能否认，确有财经作者长期跟踪采访企业，获得了企业授权，并拿到了一些材料，但是由于读者不了解具体情况，很难鉴定真假，往往难以获得真正有价值的内容和信息。

在经管类图书中，经典很多，比如《资本论》《国富论》《通往奴役之路》。这类图书理论性很强，往往艰涩难懂，但都是经管类图书的扛鼎之作，值得认真阅读。通俗类的经管图书选书就比较困难了，比如，讲商业模式的书，都是跟着热点出版的，这一波讲比特币，下一波讲共享经济，再下一波就讲知识付费。热点很快兴起，又很快过时。所以适合从这类图书中了解新趋势、新模式和新热点。

作为一个读者，抓住商业的本质比追逐热点更有深度；作为一个创业者，可能正好相反。图书出版往往是模式创新之后的思考和总结，而不是引领，所以不可避免地具有滞后性。等你读到书中的内容时，恐怕已经错过了商机。写书的人往往都是理论派，而践行商业机会的实战派都在实干，所以一些人持有“读书无用论”的观点也有其必然原因。

经管类图书的阅读方法，可以概括为关注序言和目录，抓住要点：

（1）认真阅读序言，并分辨序言是客观评价推荐，还是流于赞美。一般来说，好的序言非常值得看，因为信息量很大，非常有价值；而不好的序言，往往会引发我们对整本书内容的质疑。

（2）认真读完目录，其实这本书你就已经读完一半了。虽然这个形容有点夸张，但是好的目录逻辑清晰，内容紧凑，要点突出，让你能够通过目录很快地找到你感兴趣的内容，相当于一本书的“旅行指南”。

（3）阅读你从目录中画出的重点章节，并勾画出有核心价值的内容，做好标记。这时，一本书的精华你就已经读完了。

（4）翻阅其他章节。如果在阅读完重点章节以后还有疑问，可以从其他章节中寻找更多的解释或案例，辅助理解。

经过以上这四步，一本经管书你就已经读完第一遍了，如果觉得这本书非常经典，那么就开始第二遍的阅读——一章一章精读，并做好读书笔记，一定会有更大的收获；如果觉得没有必要读第二遍了，那么这本书的使命也就完成了。

阅读经管类图书可以提升逻辑能力。经管类图书的特点是理论和方法论居多，逻辑框架相对完整，逻辑思路相对严密，好的经管图书尤其如此。通过看一本书的目录，就能看到书中的核心内容和主要观点。可以尝试通过思维导图，学习作者组织内容的思维逻辑，这对逻辑思维提升很有帮助。

但是有一点一定要注意，就是要尝试分辨出是作者的逻辑，还是编辑的逻辑。如果是作者在各种场合的演讲稿整理成的图书，或者是媒体专栏、线上平台的文章汇编而成的图书，抑或两个以上作者合编的图书，就要多加考量。因为这种情况下，整本书的框架很可能是出于对零散内容的归类以及出版的需要，而不一定是作者从专业角度的谋篇布局。这种“拼盘式”的书，其内容的严谨性从目录里就可以读出来，而且内容之间或多或少都会比较松散。一个严谨周密的目录，无论在整个书写作出版过程中，还是在读者阅读过程中，都具有很重要的指引作用，值得好好研究。很多读者很可能忽略了这一点，拿过书来，随便翻翻序言和目录，甚至跳过它们，就开始阅读。殊不知，这是错过了鉴别图书优劣和学习作者逻辑思维方式的大好机会。

对一本书准备进行第二遍精读时，可以将图书的目录画成思维导图，或者使用第五章讲到的做笔记的方法，为自己感兴趣的章节留足空间。一边阅读，一边添加章节里的关键内容。

关于经管类图书的阅读，还有以下几点建议：

（1）大多数经管类图书都会有腰封，它的主要作用是吸引读者眼球，以产生购买行为为目的，它的营销功能胜过内容价值。所以，不要过多关注腰封甚至是封面上写了哪些名家推荐，这个不能作为选书依据。虽然腰封的设计和文案写作耗费了编辑团队的智慧和心血，但是对于读者而言，只需要默默地拿下它们，然后说一句“编辑费心了”，也就罢了，无须过多在意。

（2）经管类图书相对其他类别的图书来说，适合快速阅读和跳读。新书的理论基础往往都是从其他作者的书里借鉴来的，原创的内容并不多，所以很快就能掌握一本书的精华所在。

（3）越新颖独特的理论，它的道理往往越简单，常常就隐藏在个别章节里，其他章节都是在解释说明这个理论的来源、应用场景和适用案例。比如《黑天鹅》《灰犀牛》《墨菲定律》《第二曲线》，这类书不需要通读全书，只看核心内容所在章节就够了。如果不能将问题解释透彻，就再翻看其他章节帮助理解即可。

2. 文学类图书的阅读方法

文学类图书的阅读，体验重于评价。我们不是为了寻求认知上的共识而来，而是为了寻找情感的共鸣；不是为了探索内容的宗旨，而是为了更多地感知内容传递的意蕴和思想。在阅读文学书时，尽量放下理智的评判，伸展想象的触角。要关注底蕴和情节，追求阅读体验，这里重点介绍如何阅读小说。

> 对于小说，我们不该反对或者赞成，而是喜欢或不喜欢。在你说自己喜欢或者不喜欢一本文学作品之前，首先你要能够真正努力过并欣赏作者才行。所谓欣赏，指的是欣赏作者借着你的情绪与想象力，为你创造的一个世界。因此，如果你只是被动地阅读一本小说，是没法欣赏一本小说的。就像在阅读哲学作品时，被动地阅读也一样无法增进理解力。要做到能够欣赏，能够理解，在阅读时一定要主动。
>
> ——选自《如何阅读一本书》

人物是小说的载体，情节是小说的灵魂，时间是小说的脉搏。在时间的延展中，体会小说的故事情节和每一个场景发生的情境。

斯蒂芬·金在他的作品《写作这回事》中写道：“好描写的关键始于所见清晰，终于落笔明晰，意象清新，词汇简单。我怎样才能让那些深层的意义更清晰，我最想要的是共鸣，希望忠实的读者合上书本，将书放回书架之后，这共鸣仍然留在他或她的脑海中，回旋片刻。我不想手把手将想法喂给读者，也不想因小失大，让想法上了故事。什么道德教化，什么别有用意，让这些都见鬼去吧，我要的是共鸣。”

这种酣畅淋漓的创作心态，我也在其他作家的作品里得到了深刻印证。比如，海明威在《老人与海》中描绘的捕鱼场景，阅读时我都下意识地把笔握得紧紧的，就好像抓着一根救命的鱼叉。

> 鲨鱼飞速地逼近船艄，老人看见它张开了嘴，袭击那鱼。看见它那双奇异的眼睛，也看见它咬住鱼尾巴上面一点儿的地方，鲨鱼的牙齿咬得嘎吱嘎吱地响。它的头露出在水面上，背部正在出水，老人听见他的战利品，那条大鱼的皮肉被撕裂的声音。这个时候，他用鱼叉向下猛地扎进鲨鱼的脑袋，正扎在它两眼之间的那条线和从鼻子笔直通到脑后的那条线的交叉点上。当然，这是老人估计出来的，实际上，这两条线是并不存在的。只有那沉重、尖锐的蓝色脑袋，两只大眼睛和那嘎吱作响、吞噬一切的突出的两颚。但是那儿正是脑子的所在，老人直向它扎去。他再一次使出全身的力气，用糊着鲜血的双手，把一支好鱼叉向它扎去。他扎它，但并不抱着希望，只是带着决心和十足的恶意。
>
> 鲨鱼翻了个身，老人看出它眼睛里已经没有生气了，它死定了。跟着它又翻了个身，自行缠上了两道绳子。老人知道这鲨鱼快死了，但它还是不肯认输。这个时候它肚皮向上，尾

巴扑打着，两颚嘎吱作响，像一条快艇般划过水面。它的尾巴把水拍打得泛出白色的水沫，鲨鱼四分之三的身体露出在水面上，这个时候绳子给绷紧了，抖了一下，随后啪地断了。鲨鱼在水面上静静地躺了片刻，老人紧盯着它。看着它慢慢地沉下去了。

——选自《老人与海》

上面两段文字就是鲨鱼夺食的缠斗场景。在这种想象里的考验面前，我心里生出无限的惊惧，老人的勇敢奋斗和不屈不挠的抗争精神，令我折服。我的脑海里反复浮现出一个老人，驾驶着简陋的小船，奋战两天两夜，费尽周折才终于钓到一条大马林鱼。结果，鱼身上的腥味吸引了鲨鱼的追逐，最后这条鱼也被鲨鱼吃掉了。我仿佛也在小船上，受到老人的鼓舞，拼了命地跟眼前的鲨鱼搏斗一番。这种带入感，等我读完小说后，才觉得更加惊心动魄，因为现实里的我比读小说时的我更加胆小。好的小说，是借助文字将你带入情境的，如同你也是小说中的人物。

还有一个与我有更深共鸣的场景，就是《摆渡人》里的一段情景。正是读完了这段文字，我才彻底明白了什么叫作境由心生。

"我之前就说过，你的身体是你心像的投射。这片荒原也是一样的。"他停了一下，看她踉踉跄跄的，赶紧抓住她的胳聘。她的全部注意力都放在他说的话上，没有注意脚下，“当你从隧道出来的时候，你估摸着自己离阿伯丁还有一段路——身处高原的某个地方，一个偏远、多山、荒凉的地方——所以荒原也就成了这个样子。你不喜欢锻炼，所以只要一走路，你的心情就糟透了。这片地方反映了你的所思所感。当你生气的时候，这里阴云密布，狂风大作……一片漆黑。你的心里越阴郁，夜晚也就越黑暗。”他望着她，尽力读懂她心里的反应。她回望着他，入神地听着他的每一句话。一丝狡黠的微笑浮上他的嘴角，“实际上，我之所以看起来是这个样子，也是因为你”。

“为什么？”终于她还是问了一句，他最后那句话，让她大惑不解。

“每一个灵魂的向导都应当看起来没有一点威胁。你们必须信任我们，跟着我们。所以我们的相貌，自然要看起来对你们有吸引力。”

——选自《摆渡人》

《摆渡人》是一篇灵魂治愈小说，它曾陪我度过了一段灰暗的人生低谷，所以我与这部作品有深度共鸣，尤其是上面这段文字，是我认为书里最经典又有哲理的对话。这里不去评论它曲折离奇的故事情节、出人意料的情节构思和作者高超的写作技巧，以及作品抵达的高度，我只想聊聊我的收获。

这部作品让我明白，除去命运的安排，人生多半的境遇由自己制造，诸多抉择是自己做出的，所以，必然要面对抉择所应承担的结果。如果想把握自己的命运，就要去完善自己的性格，修炼自己的心境，牢记境由心生。

沉浸故事场景，了解故事起因、经过、发展、高潮和结局，感受人物命运带来的各种情感，是阅读小说过程中的种种体验；了解作者创作小说的时代背景、生活环境和作者命运，可以折射出当时的社会现状和时代特征，更能理解作者创作小说的言外之意。

《般若波罗蜜多心经》中有一段话："是故空中无色，无受想行识，无眼耳鼻舌身意，无色声香味触法，无眼界，乃至无意识界。无无明，亦无无明尽，乃至无老死，亦无老死尽。无苦集灭道，无智亦无得。"撇开本意不谈，我悟得了赏鉴和创作小说情节的方法，不知是不是写作的执念太深之故。"六根"能够摄取相应的"六境"，即色、声、香、味、触、法；生长出相应的"六识"，即眼识、耳识、鼻识、舌识、身识、意识。在小说情节撰写的过程中，如何从"六境"的细节描写中，引发读者产生"六识"，是小说入境的写法。我发现很多小说大家都非常善于运用这种情境写法。很多诗词的创作也深谙此道。因为道理相通，细细品来，有异曲同工之妙。

3. 名著类图书的阅读方法

名著类图书特别适合精读，深阅读也显著地指向了这一类别。这里特别整理了《朱子读书法》中的六种读书方法，作为古文名著类的阅读方法指南。《朱子读书法》是朱熹谈论读书方法的书，这本书最早由朱熹的弟子辅广，系统整理朱熹生前谈论读书方法的文字编辑而成。后来，巴川的度正侍郎安排绥宁的于和之做校刊，鄱阳的王式又加以增补，张洪和齐熙在此基础上再进行补充校正。调整了辅广原书文字的次序，按新拟定的读书方法分门别类，在原来的基础上增加了近一倍的内容，使得体系更加完备。

《朱子读书法》中，黄勉斋在著作《论语通释》中写到“吾之于人也，谁毁谁誉”一章时，有如下记载：

> 先生专心撰写《四书章句集注》这本的场景，鄙人是亲眼见过的。有一字不妥，一语不顺，便深思熟虑，不断修订，不会搁置，有时一两天都放不下，在夜里静坐到三四更。就比如这一章，我就亲眼见过他辛苦修改。和他相对静坐到四更，先生说，我已经心思枯竭了，今天先休息吧。于是我便退下休息去了，没等到睡着，就又见小仆拿着木简过来，上面有改动的数字，这说明，先生在我退下去之后根本没有休息，没过多久天就亮了。先生对这部书倾注心血至此，而求学者反而漫不经心地阅读，怎么能领会到圣贤的本意？追忆往事，谨记在此，世人当以此为戒。钱穆先生曾赞许朱熹为孔子之后第二人，可见朱熹作为理学集大成者的地位之高。
>
> ——选自《论语通释》

《朱子读书》的六种方法

（1）循序渐进：按照次序，逐步提高

读书遵循次序进行研习，要有持之以恒、量力而行的治学态度，同时，强调踏踏实实，稳步前进。

（2）熟读精思：反复熟读，精湛思考

读够遍数以至背诵，从而继续熟读，达到完全理解。同时，读书形成疑惑后仍继续读书，安心静坐，精湛思考，自然有所事宜。

（3）虚心涵泳：谦虚学习，深入体会

以谦虚的态度求学，不可先入为主，不可穿凿附会地理解书中义理，同时，反复探究、深入体会，落实自身修养，达到圣贤境界。

（4）切已体察：身体力行，反复考察

将书中体会运用于日常活动当中，身体力行，亲自实践，进一步加深体会，然后不断地反复自查，修正自己的思想行为。

（5）着紧用力：抓紧课程，奋发努力

读书不能悠哉游哉，得过且过，而要在精神上振作集中，制订好课程计划，抓紧时间进行研习。

（6）居敬持志：持身恭敬，坚定志向

读书要持身恭敬，端正学习态度，专注精纯，排除私心杂念，坚定志向长久，坚持永不懈怠。

《朱子读书法》反对汉代以来儒家专在名物训诂上下功夫，认为读书的根本要求是通晓义理。这本书对如何阅读古文经典给出了具体的方法论，书中每个章节都引用了原文。同时，通过注释和译文对内容进行了详细解说，是一本古文经典阅读指南。建议每个人都拿来实践一下，同时参照梁启超的读书法，辅以考证学的观点，可以左右参照，指导阅读。

无论是朱熹，还是梁启超，或者其他古代思想大家，提到读书时无不提及熟读和背诵。有意识地熟读背诵名段名句，一方面能够锻炼记忆力，另一方面也可以借助这些文字在大脑里反复浮现，提升悟性，启迪智慧。你是否一连几天脑海里总是回响起同一首歌的旋律，浮现出同一个场景，或者想象同一个人的样子，每当这时，你就可以替换一下“剧本”，换成你正在阅读的经典名著的内容。

如果在名著类图书中找到你喜欢的篇幅或经典段落，无论是内容还是文辞，都适合逐字逐句仔细阅读，特别经典的章节建议背诵。成年人的记性随着年龄的增长会变得比较差，背诵名篇可以放松大脑，还可以提高记忆力。上下班途中是非常好的听书时间，可以一边听、一边背诵。如果是开车接送孩子上下学，这个听读方法还可以与孩子互动，一举两得。

因为我最近在读《曾国藩家书》，所以就介绍一下这本书的阅读方法。虽然有些方法与朱子的言论并不完全一致，但是比朱子的方法更贴近大家的生活，毕竟读书要活学活用，不能太循规蹈矩。

（1）如果文言文看不太懂，可以购买带有注释或者文白对照版本辅助阅读，有助于内容理解。因为版本众多，我选择了侧重考证的一套，集合多位专家的解读，可以对照阅读，同时还可以做出更好的选择和判断，而不至于偏听偏信。当然，也可以多买几本对照来看，更不会有疏漏。记得做好读书笔记，撰写阅读心得。

（2）通过 App 听朗读和解读，从看到听，全方位阅读。现在的听书平台很多，为免于广告之嫌，这里就不具体推荐了。

（3）自己录音，听自己的内容，并尝试背诵。这样做既能促进对文言文的理解，提升语感，又能为大脑提供内容储备。

（4）讲给朋友或者孩子听。把读到的内容用自己的话讲出来，更有助于理解和记忆，还可以增加与朋友交流和与孩子交流的话题。

我正在使用这样的方法阅读经典图书。经典图书阅读量不必多，要益求精深。如果孩子喜欢阅读经典图书，也可以让孩子讲给你听，共同探讨其中的内容，会增加阅读的乐趣。当然，也可以通过这样的方式，培养家庭阅读习惯，营造家庭阅读氛围。在这一过程中，还能让家庭关系更加和谐。

除此之外，我还想跟大家分享其他图书中提到的一些好的阅读方法，供大家参考。

大概是意识到现代人阅读技能的丧失已经成为普遍现象，最近几年，世界各国都在密集出版关于阅读方法的书。经过反复阅读筛选，我从近百本同类书中选出了我认为非常经典的两本。

1. 阅读原理——《脑与阅读：破解人类阅读之谜》

这本书的作者是法国作家斯坦尼斯拉斯·迪昂，他是全世界极具影响力的认知神经科学家之一，建议重点阅读这本书的第一章、第二章、第五章和第八章。这本书从心理学和神经学的角度解释了我们是如何阅读的，阅读时大脑的识别机制是怎样的，借此提出学习阅读的建议，并从原理的角度论证了阅读如何塑造我们的大脑。

探讨阅读行为，首先要找到背后的原理，这是我的思维习惯。因为所有行为都有动机和原理，其背后一定存在强大的逻辑，犹如冰山理论，冰山绝不仅仅是露出水面之上的部分，水下一定有更大的体积才能支撑冰山的浮现。

2. 阅读方法——《如何阅读一本书》

这本书的作者是美国作家莫提默·J. 艾德勒和查尔斯·范多伦，这本书是所有讲阅读方法的书中特别经典，也特别系统的一本书。由于这本书的畅销，很多作者和出版社嗅到了商机，以“如何阅读”为书名迅速出版了一系列图书，但内容质量参差不齐。市面上现有的同类图书在内容上各有优势，但与《如何阅读一本书》相比，皆无出其右者。《如何阅读一本书》将阅读分为四个层次，即基础阅读、检视阅读、分析阅读和主题阅读，还分门别类地介绍了不同类型图书的阅读方法，值得仔细阅读。

在致用类图书中，也有一些值得学习的好书，比如，总结出了一整套实用方法论的赵周先生，出版的《这样读书就够了》一书，在帮助提升职业能力上应用非常广泛。

如果一定要推荐一本快速阅读方面的书，那么我会推荐《快速阅读》。其实我个人主张不要刻意为了提高阅读速度而练习阅读，因为在长期大量阅读之后，阅读速度的提高是水到渠成的。很多介绍快速阅读的书都在讲跳读、一目十行等方法，但这类方法更适合突击考试，对记忆力和注意力是极强的考验，或者可以用来训练中学生阅读能力。

我的阅读观可能跟有些读书大家不太一样，他们读书比较精深，阅读速度也比较快，而且很会学以致用，融会贯通，我很钦佩，也很羡慕，所以这本书不是给他们看的，因为他们已经不需要这样的指导了。这本书主要是写给那些不经常读书，工作繁忙，读书时间不多，尚处在初级阅读阶段的朋友。我更希望通过这本书，让他们找到阅读的乐趣，获得阅读的价值，重新找回阅读习惯，锻炼深度思考的思维能力。同时，也将书中的很多智慧应用到生活和工作当中，提升自己的精神幸福感和收获感。

第五章

精读：如何做阅读笔记

阅读笔记是采摘“灵感蘑菇”的背篓，经常背上它去书山走一走，会收获颇丰。

北宋诗人苏轼在《送安敦秀才失解西归》一诗中，留下了“旧书不厌百回读，熟读深思子自知”这样的千古名句。苏轼在百读旧书的时候，每次都会选择不同的角度，对内容进行反复琢磨体味，每次都会读出新意，产生更独特、更深刻的见解，给后人留下了其独创的“八面受敌”读书法。

我仿佛看见苏轼勤奋读书的场景，他边读边思考，时而抄录书中的精华要点，时而记录突然闯来的灵感，留下了大量阅读心得、旁白批注，文字层层叠叠。

苏轼有抄书的习惯，经常反复抄写，从抄关键语句、关键词，到抄单字，一边抄一边背诵。有一次，一位朋友来拜访他，随手从他的书架上抽出一本《汉书》，朋友随口读了书中的一个字，苏轼便滔滔不绝地背诵出了相关的很多段落，令朋友目瞪口呆。

苏轼能成为流传至今的千古名家，写出了那么多脍炙人口的千古名作，与他多年手不释卷，认真做笔记的习惯密不可分，这也成为他日后创作的灵感沃土和思想基石。

为什么要做阅读笔记

1. 勾画重点，加深印象

我一般不到图书馆借书，因为我读书时会在书上写写画画，我看过之后的书别人就看不了了。勾画圈点，边批脚注，能够让我与书产生最紧密的链接。

勾画重点，可以使重点更加突出，并且集中精力，加深理解，让自己跟文字有更深层的互动。这个过程适合使用标点笔记法中的阅读标记。

2. 标注要点，利于检索

标注要点，可以使用符号和标签。本章将重点介绍几种标注要点的方法，方便回顾时可以快速找到要点，进一步加深对内容的印象。这个过程适合使用标点笔记法中的阅读标识和阅读标签。

3. 梳理框架，弄清逻辑

如果你是一口气读完整本书，接收到的内容会比较系统，但是大多数人都是碎片化阅读，一本书要花几天甚至一个月才能读完，这样接收到的内容系统性就会比较差，内容之间的逻辑框架也不清晰。基于这样的阅读特点，我建议阅读完一章就进行内容的提炼和回顾，把每一章内容梳理清楚，逻辑捋顺，方便阅读完整本书之后，做整体内容梳理。这个过程适合使用葡萄阅读法。

4. 摘录精华，加强记忆

阅读过程中，可以做边批脚注。因为书上的留白不是很多，所以可以边读边抄写经典的语句、段落，在抄写过程中，会迸发心得感悟，也可以顺便记录下来。我常常把抄写比作灵感的“接引使者”，一边抄一边思考，抄着抄着灵感就来了。当然，一边抄一边想心事的话，就只能当练字放松了。抄写是加强记忆最好的办法，复制粘贴只是收集信息的方式，很难帮助记忆，复制粘贴万字文，都不及抄写数百字受益多。抄写半小时以上，既可以静心，又可以加深记忆。

5. 绘制简图，便于重读

一本书的内容具有非常强的逻辑性和系统性，如果只是零星地挑选一些内容看，阅读价值会大打折扣。绘制图书框架精要简图，可以提纲挈领，让阅读者抓住整本书的内容体系，抓住内容组织框架，对于形成系统思维也很有帮助。如果以后要重新翻阅这本书，就可以根据简图的指引，用很短的时间复苏记忆，重新记起整本书的核心内容。我们可以通过绘制一树葡萄、一棵番茄、一株牵牛花，或者一个树根来做笔记。

如何做阅读笔记

时代在发展，科技也在飞速进步，随之出现了大量能够记笔记的 App。利用这些 App 做笔记可以复制粘贴，有的人甚至连复制粘贴都觉得麻烦，直接将自己喜欢的内容收藏起来。看起来，做笔记便捷了很多，效率提高了，方法也变得时尚，但是效果如何呢？我们收藏起来的那些自认为有价值的内容，后来又去看过几遍呢？旧书不厌百回读，对于新知，我们是不是读一遍就已经厌倦了？怎么会这样？

大多数时候，我们每天都只是在扫描信息，并没有储存信息，或者储存在大脑里的信息极其有限。没有足够多有价值的信息作为深度思考的内容基础，慢慢地我们就丧失了深度思考的能力，也就很难产生灵感和创意，实现真正的创新。

现代人因为工作忙碌，要处理的事情非常多，造成精力分散，记忆力下降。所以经常会有读书的朋友跟我抱怨读过很多书，却总是记不住，很苦恼。其实，我的记性也很差，经常提笔忘词，明明那个书名、作者名或者主角的名字就在嘴边，却“那个那个……”半天，就是说不出来，一副“智障”的样子，这种体验非常不好。为了提升自己的记忆力，帮助跟我有同样问题的人，我认真总结了自己十多年来的阅读笔记方法，并在参考古人的阅读笔记和国内外笔记类图书之后，总结了一些有效的阅读笔记法。

我将初级阅读笔记分为三个层次，这样可以更加清晰地了解每一个工具的用途和价值。当然，我们更需要将这些方法综合运用，筛选要点、记录灵感、梳理逻辑并理解记住书中的核心内容，为下一步获得更深层次的阅读价值奠定基础。

1. 初级阅读笔记可以从三方面入手

使用阅读标记——能够帮助我们专注于阅读、链接思考、触发灵感，并加强记忆，值得喜欢阅读的人坚持。

使用阅读标识——每个人都有自己的偏好，在此为大家整理了一套通用版本。

使用阅读标签——我尝试使用过各种标签，从颜色、材质、大小、图样等多方面选择使用，后来终于发现了三色可书写标签，从此爱不释手，成为我做阅读笔记的常备工具。

标点笔记法——通常运用在阅读过程中，是做阅读笔记的基本功。

（1）标点笔记法之阅读标记

圈——用来提示关键词；

线——用来提示关键观点或精彩句子；

框——用来提示关键段落。

以上内容基本上用普通水笔和圆珠笔就能标记，简单方便。

底纹——用来提示关键内容，我这种喜欢让重点内容看起来色彩缤纷的人，会用各种水彩笔进行涂画。除了上述三种标点笔记常用法，我还经常用彩笔涂底纹，色彩鲜艳，特别醒目。当一本书读完，再回过头翻看的时候，看着满书的涂画和标签，会很有获得感和成就感。虽然，每个人做阅读笔记的方法不一样，但是养成用勾画圈点的方式跟书互动的习惯是同样重要的。

（2）标点笔记法之阅读标识

三角形——代表自己的困惑和不理解的地方，需要查阅字典、词典及其他图书，来提升自己的认知和理解程度；

五角星——代表自己认为有价值的重点、要点和核心内容，五角星越多，表示越有价值，越值得关注，值得自己抄写并反复体味。

问号——代表自己对内容的质疑，判断作者的观点、论述或者论据有问题，需要查资料考证。

感叹号——代表自己的思想与书中内容产生共鸣，往往这种时候会写下自己的感触和想法。

（3）标点笔记法之阅读标签

我在市面上售卖的各式各样的标签纸中找到了符合阅读功能的标签，如下图所示：

这款标签纸有三种型号，建议用小号的标记五角星，供自己识别要点、重点和核心内容；用中号的写关键词及页码；大号的可以写对核心观点的概括，用短句提炼要点，记得标明页码。

这款标签纸有三个颜色，可以用不同颜色来区分不同内容、章节或者重要程度，也可以根据自己的习惯使用。总之，我对它赞不绝口，它已经成为我的阅读必备之物。当然，它有个小缺点，就是黏性比较差，加之材质比较硬，很容易脱落。

如果有商家能把这款标签纸升级一下就完美了，增加黏性和柔软度，实现可书写部分的适度透明更好，这样更便于查找重点。

2. 将阅读笔记升级到相对简单的葡萄笔记法

为什么会有葡萄笔记法产生呢？原因是这样的：使用标点笔记法进行阅读后，所有勾画圈点、标识标贴、旁白备注都散落在书中，没有后面继续做笔记整理收获的动作，这对于阅读一本书来说是非常大的损失，因为阅读者没有真正获得阅读的价值。书中散落的知识点、感悟和灵感，过不了多久就会在遗忘曲线的作用下，被逐渐淡忘。

葡萄笔记法的重点是抓关键词。可以一边阅读一边记录要点，是否采用贴标签的形式都可以，重要的是画出知识点组成的葡萄串，抓住你心中每一章的要点。这个时候，不要纠结逻辑，逻辑留给读完全书之后，根据全书的整体逻辑体系来梳理。

为了满足读者做阅读笔记从简到繁的需要，也为了让做阅读笔记变成一种爱上阅读的愉悦体验，我原创了这套用于做阅读笔记的葡萄笔记法。葡萄笔记法的原理是借助图像记忆的优势，从段落中抓取关键词，提取要点，循序渐进，逐渐扩展到章节和整本书，引发由浅及深、由简入繁的知识点学习方式，再形成深入的逻辑思考习惯。

葡萄笔记法分为葡萄串和葡萄树两个阶段。

葡萄串一般用在章节精读的过程中，将阅读中遇到的关键词和页码，绘制填充在这一章的葡萄串中，让每一章节的关键词和所在页码一目了然。

葡萄串的画法：

（1）画一颗葡萄就填入一个关键词及其对应页码；

（2）按照“Z”序排列葡萄颗粒，并依次填入关键词及其对应页码；

（3）根据页面布局，补画葡萄藤蔓和叶子。

葡萄树的绘制需要大一点的纸张，在画整本书的过程中，将每一章节的葡萄串按照目录的顺序有序连接即可，读完一本书就可以直接呈现出整本书的知识图。

接下来我以《朱子读书法》为例，展示如何使用葡萄笔记法来做阅读笔记。

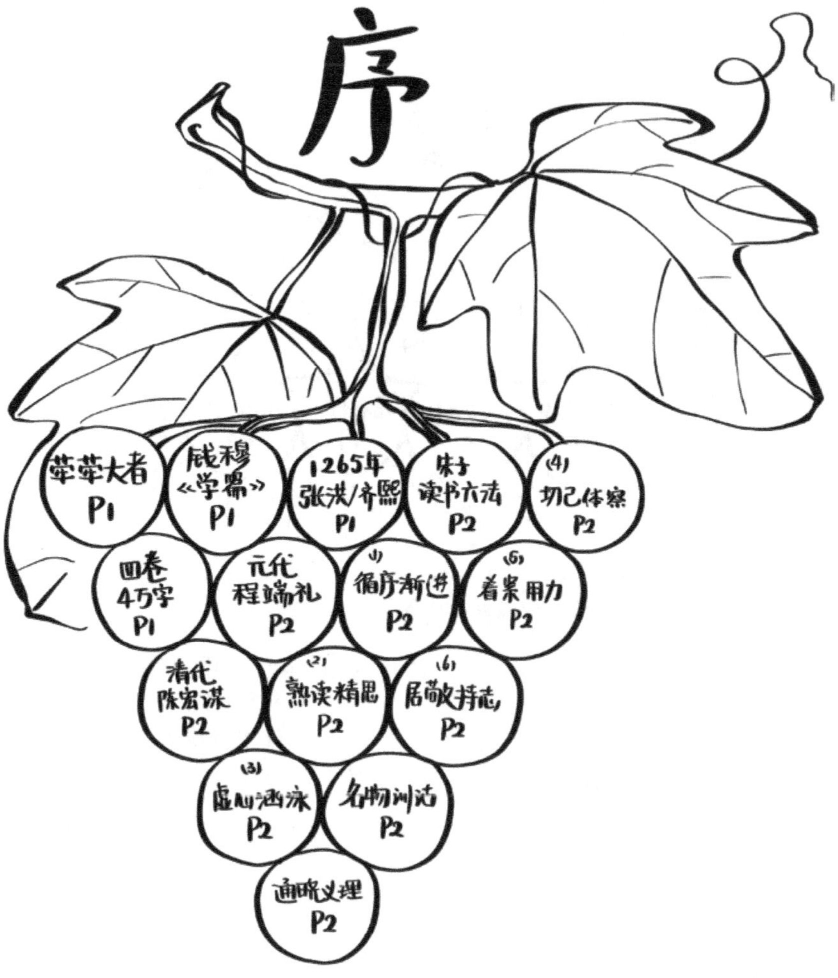
序
荦荦大者 P1
钱穆《学籥》P1
1265年 张洪/齐熙 P1
朱子读书六法 P2
(4) 切己体察 P2
四卷 4万字 P1
元代 程端礼 P2
(1) 循序渐进 P2
(5) 着紧用力 P2
清代 陈宏谋 P2
(2) 熟读精思 P2
(6) 居敬持志 P2
(3) 虚心涵泳 P2
名物训诂 P2
通晓义理 P2

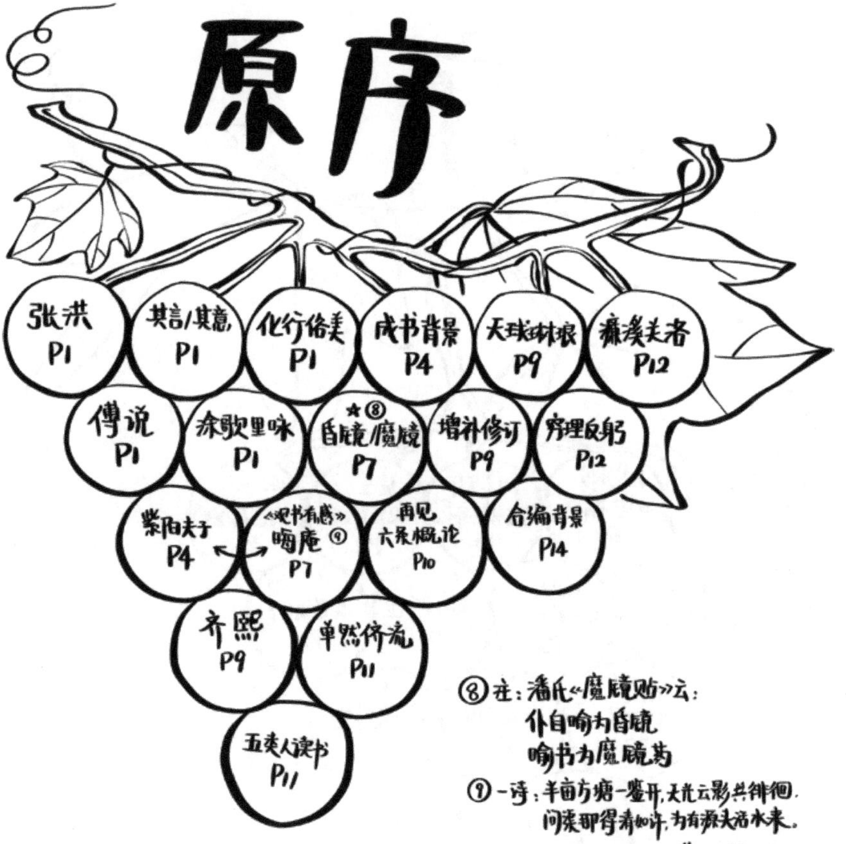
原序
张洪 P1
其言/其意 P1
化行俗美 P1
成书背景 P4
天球琳琅 P9
濂溪夫者 P12
傅说 P1
涂歌里咏 P1
★⑧ 昏镜/魔镜 P7
增补修订 P9
穷理反躬 P12
紫阳夫子 P4
《观书有感》 晦庵 ⑨ P7
再见 六条概论 P10
合编背景 P14
齐熙 P9
单然侪流 P11
五类人读书 P11
⑧注：潘氏《魔镜贴》云：
仆自喻为昏镜
喻书为魔镜药
⑨一诗：半亩方塘一鉴开，天光云影共徘徊。
问渠那得清如许，为有源头活水来。
二诗：昨夜江边春水生，蒙冲巨舰一毛轻，
向来枉费推移力，此日中流自在行。

辅广辑录部分(上)
纲领
陈希周 P3
《论婺源藏书阁》 P5
横渠④ P10
P13
P21
《记稽古阁》 P7
☆ 先《论》后《孟》 P11
朱子劝读 P15
司马温公说 P22
《论语》成诵 P11
答陈福公 P18
(尤适儿童) 案前诵读 P23
答江端伯书 P20
④ 横渠四问：
为天地立心
为百姓立命
为往圣继绝学
为万世开太平

以上展示的是单独章节如何使用葡萄笔记法，下面用《非暴力沟通》来展示整本书如何使用葡萄笔记法。

3. 将阅读笔记升级到相对复杂的牵牛花笔记法

牵牛花笔记法和葡萄笔记法的区别是：葡萄笔记法重视知识点，防止知识点遗忘，可以根据自己的需要来做取舍，牵牛花笔记法注重内容之间的层次和逻辑；葡萄笔记法强调视觉记忆和内容查询，牵牛花笔记法强调简练和便捷；葡萄笔记法适合知识含量高的经典图书，牵牛花笔记法适合实用类图书；葡萄笔记法倾向于增强记忆，牵牛花笔记法倾向于“干货”收集，两者各有优势。

针对全书内容梳理，很多人会使用思维导图，这是个非常好用的阅读工具。思维导图的优势是系统完整，简洁明了，不足之处在于逻辑太清晰，趣味性不够。用思维导图回顾思考过程的时候，因为只有文字，所以回忆难度有点高；牵牛花笔记法的本质是思维导图的形象呈现，利用果树的树枝作为逻辑依托，牵牛花作为知识点，一棵牵牛花就是一本书。

近年来，还流行视觉笔记，即把所有的内容都化成图片，但是因为很多作品整体视觉感比较混乱，画面也不够简洁，用视觉笔记做整本书的笔记，工作量就太大了。所以一般没有绘画功底的人，很难做到这一点。我们可以取牵牛花笔记和视觉笔记两者的优势，利用自然界最神奇的生长力量，参考葡萄的生长特点来呈现书的逻辑，用葡萄的果实来呈现图书核心内容，加上画简笔画的乐趣，让阅读变得轻松，甚至有几分好玩。

我以《非暴力沟通（亲子篇）》为例来展示一下牵牛花笔记法的使用。

非暴力沟通
亲子篇
P3 关注孩子的需要
P2 聚焦孩子的不良行为？X
P2 带着尊重去看孩子的感受和需要
P11 如何经营家庭中的尊重？
P10 赋权型育儿方式
P9 控制型育儿方式
P5 一个家庭的合作机制
P4 如何营造尊重合作的家庭氛围
尊重&合作
P36 使用尊重的语言
P35 删掉你词典里的"但是"和"应该"
P33 我想让孩子做这件事的理由
P32 惩罚与武力保护（行为背后的需要）
P32 奖励与惩罚
P31 真实地表达自己，不评价，不批判
P30 标签，攀比和批判
P29 找时间去跟孩子们联结
P27 家中冲突的几大因素
阻碍合作
P65 孩子需要倾听和理解
P63 家庭中戒除"命令"和"要求"
P62 孩子在努力满足自己的需要
2.看到行为背后的需要
P89 从孩子的礼物中学习
P83 你和孩子有很多宝贵的礼物可
P82 给予是人类的基本需要
4.鼓励
1.家长目标明确
P41 明确你的育儿目标
P43（品质/我看重…/我要…
（我做？
P45 你的想法→目标
P47 你的行动→目标
P48 你的沟通→目标
P51 选择&被选择
自我尊重
P17 作为家长，你的需要也重要
P18 了解自己的需要，并不是漠视
P19 看到需要不被满足的代价→暴怒
P21 学习新习惯，关照自己
P23 满足你的需要，疗愈你的旧伤（原生家庭）

P107 自我倾听&倾听他人
P105 请求&要求
P100 感受一览表
P99 需要一览表
P98 给出没有评价的观察
P96-97 观-感-需-请
P94 沟通流图
5.使用尊重的语言
给予
P119 从无效的方法中总结经验
P118 有效的方法值得庆祝
P118 在成长中学习的步骤
P116 有很多满足需要的方式
P114 与孩子合作，一起作决定，一起解决问题
P113 无论发生了什么，你都能处理
6.在成长中学习
P137 测试你的常用语言
(一)语言
(二)需要卡
&感受卡
3.建立安全感、信任感和归属感
P73 了解孩子的不同发展阶段
P74 接受孩子独特的个性和学习方式
P75 天线开启，搜索信号，寻求联结
P77 “不”的背后是“是”
P79 举行家庭会议
7.让你的家成为
“无指责区”
P122 选择将冲突视为要解决的问题
P126 确信你的需要可以被满足
P127 相信需要可以引出解决方案
P129 用合作化解冲突
P129 与“情绪小宠物”相处
嗨，宝贝
我愿意，跟你一起探索未知的人生
@徐公子
2019.10.26

如果单纯从便捷性和速度上看，用线上 App 做思维导图会有优势。本书之所以提供了手绘方案，是为了综合解决阅读中的一些问题，比如：要点梳理、内容理解、记录心得和加深记忆，以及增加阅读的趣味性，是想为阅读效果的提升提供一个相对系统的解决方案。

目前，市面上有一大批介绍如何做阅读笔记的书，包括各个国家的译本，有一部分书特别强调笔记的画法，但是很难呈现整本书的逻辑体系，所以很难作为阅读笔记的载体。除了葡萄和牵牛花，还有很多种植物可以作为阅读笔记的呈现形式，也可以自己创造独特的阅读笔记作品，这是一件很有趣的事情。这种阅读笔记的使用不限年龄，所以亲子共读的时候也可以尝试。

其他植物如何使用，这里也简单做一下介绍和效果呈现。

番茄笔记法：适用于逻辑清晰、要点不多的图书，比如以专有名词命名的图书，《黑天鹅》《灰犀牛》等；还可以用来整理内容模块清晰的图书目录，或者整理阅读心得和讲书的框架。尽量参照目录整理番茄笔记，画出认为有价值的内容模块，并按照目录的顺序进行梳理，理解作者的写作思路，将知识点变成系统框架，可以参考下图：

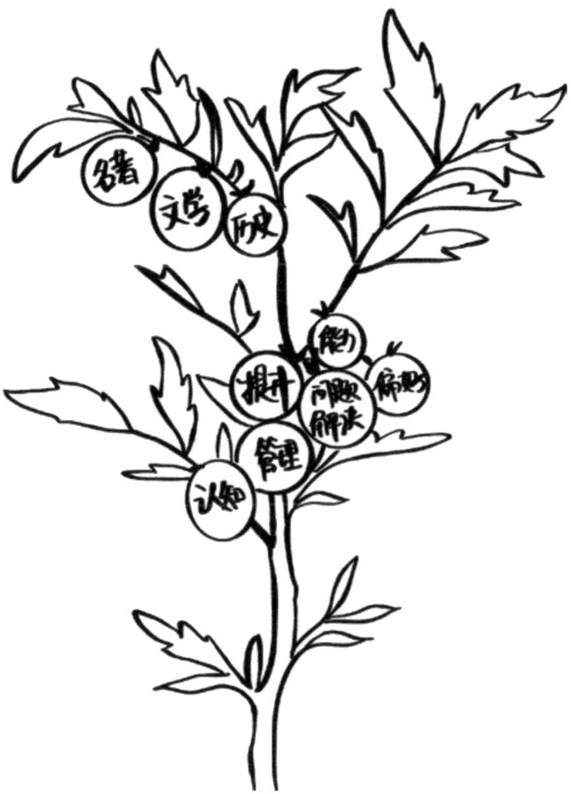

阅读笔记即碎片化的书海拾贝，我们在承认碎片化知识作为知识零件的价值时，也要建立自己的思维体系，让零件变成自己思想的元件。待自己的思想大树长成之时，所有的元件可以有机地组合起来，形成自己的完整思想。

第六章

感悟：如何撰写阅读心得

撰写阅读心得，是读者回应作者的方式。因为心得，所以懂得。

撰写阅读心得其实是与书的一种互动，是在叩问内心：学到了怎样的理论和方法，作者的观点对自己有什么启发，读完这本书有什么触动，甚至是对作者观点的反驳，抑或是读完后觉得浪费时间的后悔。这些都是你与书和作者之间的事，是完全面向自己内心的心理活动。所以，这种互动应该是坦诚而私密的。

阅读心得是收获、体验和感悟，不是书评。作为一名普通读者，不要站在批判的高度，要面向自己，审视自己的所得，有余力的话再去评论书。尽量避免把阅读心得写成书评。书评是作为作者和读者之外的第三者，来评价作品的优劣得失，是站在高于作者的角度来审视一本书，如此会降低自己的收获感。

要真诚地与作者对话

如何撰写阅读心得呢？不同的书有不同的模式，但也要避免落入俗套。以下内容或许能给你提供一些参考。

如果你按照我之前的建议做好了标记和阅读笔记，再写阅读心得就会轻松很多。阅读笔记已经帮助我们标记了这本书的核心内容，以及零零散散的自己的灵感。阅读心得就是将这些有价值的内容系统地整理出来，形成一篇属于自己的二次原创文章。

读完一本书，一定要写阅读心得，这是整理自己阅读收获的系统工程。写阅读心得的过程是激发灵感的过程，是简单的阅读笔记做不到的，而且阅读心得具有完整的框架和逻辑，更易于消化吸收书中的内容。可以抱着给作者写一封真诚的回信的心态写阅读心得，也许会激发更多的真情实感。

除非觉得这本书实在不值得阅读，否则，所有读过的书都有必要写一篇阅读心得。养成写阅读心得的习惯，迫使自己习惯系统思考阅读收获，这会让自己受益匪浅。在写阅读心得的过程中，自然而然地也会有一些新想法产生。

很多人抱有这样的想法：我现在没什么可写的，等有了可写的内容之后再去写阅读心得吧。我想说的是，即使是作家，也是在构思创意的过程中，慢慢寻找灵感，培养自己可以随时召唤“神龙”的能力，何况我们跟灵感不熟悉，甚至还很陌生。我们知道灵感就在阅读和写阅读心得的过程中等待着我们，所以必须不断地与它互动，它才知道什么时候该来到我们身边。读得多了，写得多了，灵感才会乐意经常被我们召唤，最终达到随时召唤的默契。

刚开始写阅读心得可以顾左右而言他，因为那时候想法还没有产生，灵感还在酣睡。在这种无目的的写作阶段，可以尝试使用三段论，即开头写一写对这本书的感受，接着摘抄三段你认为最有价值或最打动你的话。一边抄一边想，每抄一段就把自己对这段话的理解写在下面。最后再写一写结论和收获，一篇阅读心得基本就完成了。

这种三段论的写法跟很多演讲大家使用的模式是一样的，只是中间摘抄那三段内容有所不同而已。所以，不要怀疑抄写的功效，抄录经典语句能够加深自己对文字的理解。灵感会在一边抄写、一边思考的过程中，被指尖对键盘的敲击声惊醒，被鼻尖划过纸张嗅到的墨香唤醒，如同公主被王子亲吻后慢慢地苏醒过来，然后从键盘或鼻尖腾空而起，轻盈飘出，跃然眼前。写作阅读心得与公主的故事有异曲同工之妙，是灵感被唤醒的过程。

刚开始写阅读心得，建议字数保持在 800 ~ 1500 字，这样既可以写出一些内容，又没有太大压力，还容易把控文章的系统性，易于围绕一个主题，阐明自己的观点。经过一段时间的训练，就可以轻松驾驭 2000 ~ 3000 字的阅读心得了，而且认识的深度和分析问题的能力也会随之增加。熟练之后，撰写 3000 ~ 5000 字的阅读心得也就不在话下了。虽然不能单纯地从字数上评价一篇阅读心得的好坏，但是字数增长的过程其实是对文字概括、内容转述、情景描述以及思想表达等能力的训练。没有文字字数的支撑，阅读心得很难写到一定深度。

初学者参考范式

这里，针对不同类型的图书，推荐几种不同的阅读心得写作方法，初学者可以选择使用。当你能够灵活地驾驭语言，形成自己的写作风格时，就不用再参照既定的写作范式了。在我写阅读心得的初期，也是套用以下这些方法，它们为我现在能够游刃有余地写作打下了坚实的基础。

1. 要点式写法——思维认知类图书

我们可以把思维认知类图书概括为一个套路，即学到了什么新理论、新观点或新逻辑，跟社会或个体有什么联系，能不能应用到自己的工作和生活中。这一类图书适合快速阅读，把自己需要的内容通过快速浏览找出来，并通过相应案例加深理解。想一想如何跟自己的工作和生活关联起来，拓宽自己的眼界，拓展自己的思维模式。这一类图书一般只有少数几个章节内容是特别有价值的，其他内容可以忽略，不要担心顾此失彼。用最短的时间找到你需要的内容，并用最快的速度理解消化，就是最有价值的收获。

思维认知类的图书读多了，知识面和眼界就会不断被拓宽，思维定式也会不断被打破，这是个令人非常享受的过程。当然，在这个过程中，你会无数次地看到自己的无知，有些人会恐惧，有些人则欣喜若狂。

对于经常阅读思维认知类图书的朋友，要特别注意一点：思维认知类的图书普遍没有语言文字的美感，尤其是国外翻译的图书，译文能保持原意就已经相当难得了，很难再要求语言的优美。

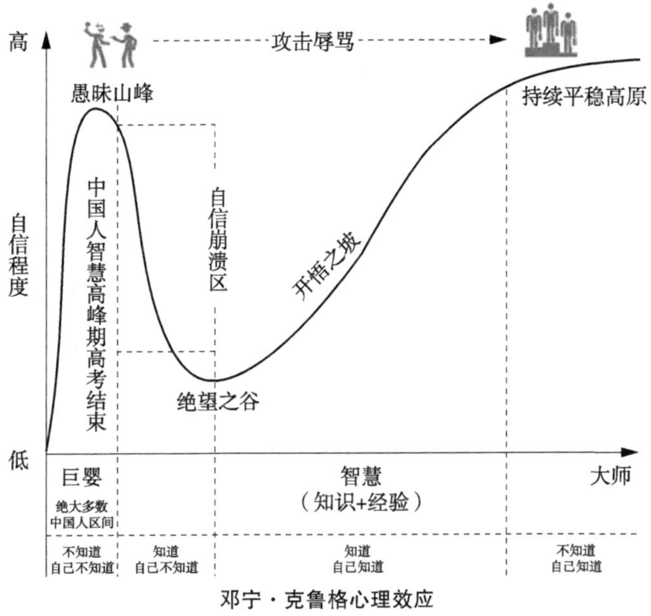

资料来源：百度图库

在撰写这类图书的阅读心得时，可以把要求放在使用简洁的词语表达想要表达的内容上，刻意训练用词的准确性、内容的严谨性和文章的逻辑性。

现在以《大脑整理术》《灰犀牛》为例，看看如何用要点式写法来撰写思维认知类图书的阅读心得。这两篇阅读心得因为涉及的专业内容比较多，所以采用要点式写法，有大量的内容引自书中，为尊重版权特此说明。

《大脑整理术》阅读心得

重塑大脑很简单，从培养一个新习惯开始。

当你感到沮丧，失去信心，只能看到生活的阴暗面时，你可知道，大脑的某些部位是如何工作的？如果放任大脑自主工作，你会陷入怎样的状态？神经科学的新发现能够帮助我们有效地整理大脑，激发潜能，克服弱点，变得精力集中，从容地面对挑战，最终达成目标并获得快乐。与此同时，保持平静和积极的心态。《大脑整理术》就是这样一本书，能够让每个人看见自己的操作系统。

1. 大脑是如何工作的

大脑的各个部位存在比较清晰的分工，这里借用书中的一个案例，进行简单说明。

了解大脑各部分的分工，有助于理解大脑这部复杂的机器是怎么运转的——一边学习，一边工作，操控着我们的日常行为和思维。1000 亿个神经元分布在大脑里随时待命，每个神经元与邻近的神经元协同工作，部分依赖于时断时续的脉冲放电激活，部分依赖于神经元之间发送的神经递质传递信号，进行交互。

（1）神经递质

大脑中有 60 多种神经递质，其中，使你兴奋并激发活跃性的谷氨酸和具有抑制作用并能减弱活跃性的 γ – 氨基丁酸两种神经递质承担了接近 80% 的信号传递。

除此之外，还有三种神经递质被人们广泛关注，即血清素、去甲肾上腺素和多巴胺。血清素对于调节情绪基调和情绪反应有一定作用，焦虑、抑郁甚至强迫症会降低血清素的含量；去甲肾上腺素有激活注意力的功能，它使影响知觉、觉醒和动机的信号更强烈；多巴胺有助于增强注意力，它与奖励、运动和学习有关，是对愉快的情绪进行编码的神经递质之一，当表达愉快的情绪时，多巴胺会激活伏隔核，伏隔核被称为愉快中枢。

（2）神经可塑性

神经可塑性证明了“用进废退”的道理，若某项技能的神经元经常被同时激发，那它们在将来会以更快的速度被同时激发。随着这项技能的提升，大脑也会为这项技能留出更多的空间，刺激大脑相应部位变得更加发达，表现为该部位神经元“肥大”。就像肌肉经过训练会变强健，停下来会松弛一样。

来自科普中国的解释为：发生在两个神经元信号传输中的一种持久的增强现象，能够同步刺激两个神经元，称为长时程增强，又称长期增益效应。

如果培养一个新的习惯，就要利用长时程增强训练神经元，而要改掉一个坏习惯就需要长时程抑制，进行反向操作。

（3）梭形神经元

梭形神经元有丰富的突触受体，可以接收多巴胺、血清素和抗利尿激素，它们在情绪控制中发挥作用，也影响情绪体验和亲密关系的形成。

梭形神经元帮助人们提高注意力和自我控制能力，让你在情绪激动的情况下，灵活快速地做出能够解决问题的决策。

（4）镜像神经元

镜像神经元对他人的举动和意图非常敏感，甚至想都不用想就可以体会他们的感觉，这体现了大脑的共情能力。镜像神经元赋予人们建立社交关系的能力，也被认为是参与冥想和祈祷的部分。

2. 如何重塑大脑

大脑重塑，要从大脑的结构、功能和工作原理出发。有的人想改掉一个坏习惯或者培养一个新习惯却一直做不到，就是因为没有从习惯改变的基本原理出发，盲目执行了21天习惯养成或者90天习惯强化之类的计划，但结束之后能坚持下来的却寥寥无几。

那具体应该怎么做呢？

（1）专注力的培养

专注使你的额叶活跃起来。如果不从打开大脑的这扇门出发，是很难重塑大脑的。前额叶皮层是大脑的大脑，它能够把资源汇集到你认为重要的方向上。

动机是神经可塑性的一个关键要素，除非你真的想改变，否则是不会轻易改变的。

每天选择固定的时间做固定的事，是训练专注力的方法。比如，中午12：00做一分钟平板支撑，晚上10：00进行十分钟阅读，都是训练专注力的好方法。这些方法能够为重塑大脑的专注力和意志力充能。

（2）刻意练习

针对大脑的同一批神经元突触连接要进行反复训练，提高它们的敏捷性和连接速度。如果是阅读，要保持注意力，进行刻意阅读，提醒自己的神经元时刻保持高能连接。

（3）习惯养成

身体的训练和大脑的训练都遵循自然法则，适用“轻松自如”

的能量守恒定律。事情之所以发生，是因为它容易发生。在固定的时间做固定的事，让新习惯成为下意识的动作。继续以阅读为例，在专注力足够的状态下，刻意且认真地投入阅读当中，坚持一段时间，一定会有效果。

（4）持续定律

要让重塑的大脑形成潜意识。比如阅读，到了固定的时间，就自然而然地产生想阅读的想法。重塑大脑需要坚持一个新行为，直到它毫不费力地做出来；然后再去学习新的技能，继续坚持一个新行为，直到它毫不费力地做出来。如此反复，大脑即被重塑，最终形成更强大脑。

重塑大脑最简单的方法就是养成一个有趣的新习惯，比如阅读、跑马、健身，这是大脑重塑的发动机。

懂得了大脑如何工作，便知道如何让大脑更好地工作。比如，让自己愉悦是从大脑开始的，而不是从一句“开心就好”开始的。说这句话的人往往不怎么开心，因为他不知道愉悦的心情从何而来。

《灰犀牛：如何应对大概率危机》阅读心得

主题：当你意识到大概率的潜在风险时，是不是意味着出现了一只灰犀牛？

因为这本书的结构是总分总，所以如果想知道灰犀牛是什么，阅读第一章就足够了。我通过观察发现，那些着力打造新概念的书，往往核心内容就集中在某一个章节，其他章节都是列举大量案例来印证这个新概念，《黑天鹅》也如此。

灰犀牛生活在非洲草原上，体型很笨重，反应也很迟钝。灰犀牛群常年在草原上悠闲地吃草，人们不会担心它们靠近。一旦灰犀牛群受到惊吓，就会四处狂奔，变成致命杀手。在米歇尔·渥克的《灰犀牛：如何应对大概率危机》一书中，她用灰犀牛生动地比喻了“发生概率高又影响大的潜在危机”。在这本书中，作者传递了一个重要的观点，就是我们并没有解决身边显而易见的问题，没有重新审视我们熟知而非真知的问题。

“灰犀牛事件”的发展通常分为五个阶段：

第一阶段：否认。事物都是动态发展的，不管人还是事物，发展越顺利，代表潜伏的危机越多，越要提高警惕。但是因为在顺境里待久了，往往会否认风险的存在。

第二阶段：得过且过。在危险逐步显现时，依然无动于衷，不能给予足够的重视，以致一步一步错失良机，将风险逐步放大。

第三阶段：诊断。开始真正感受到风险的冲击，意识到风险的危害，尝试采取措施应对风险。但无论是因为判断失误还是执行力不足，都会造成这一阶段大量的时间浪费，贻误战机。

第四阶段：恐慌。到了这个阶段，风险已经汹涌而至，到了无力扭转局面的地步。

第五阶段：崩溃。灰犀牛事件彻底摧毁一切，我们唯一能做的就是总结教训，避免重蹈覆辙。

“灰犀牛事件”用来解释很多经济学和管理学问题，我们每个人身边都随处可见类似的风险，触目惊心。

当一个产品的销量持续增长时，人们往往意识不到它已经不能满足客户的新需求了。即使客户满意度下降，也会以为只是个案，只是单纯地解决某一问题，而不会系统思考产品的升级换代。产品经理一般也不会重视这些小问题的存在，往往是到客户开始大量流失时，才意识到问题的严重性，殊不知此时已经错失了产品迭代的最佳时机，只能眼睁睁地看着销售额大幅下降，产品下架，严重的甚至会导致公司倒闭。

在“灰犀牛事件”发生的每一个阶段，我们都有机会做出正确的选择，并积极采取行动，但往往因为固有的偏见和对曾经成功经历的执着，最终导致失败。

“灰犀牛事件”带给我们的启示是，当你意识到大概率的潜在风险时，就应该第一时间给予高度关注，因为“灰犀牛事件”是有造成伤害的能力的，只是它在等待时机。如果我们意识到这一点，就能最大限度地阻止这一事件的发生。

每个人的生活中都会发生“灰犀牛事件”。试着回想一下，你曾经经历过的“灰犀牛事件”。

2. 问答式写法——管理技能类图书

当我们需要解决一个问题时，除了请教专业人士，上网查找资料，还会通过读书来寻求解决方案。问答式写法适用于撰写管理技能类图书的阅读心得。带着问题去读这一类书，阅读的效率和收获会大大提升。

第一步：清晰地描述自己的问题，把它写出来，这是找到最佳答案的关键步骤。

第二步：仔细检索图书目录，找到相关章节。

第三步：快速浏览相关内容，寻找并总结问题的答案。

第四步：回顾问题，校验找到的答案是否合理地回答了自己的问题。

第五步：践行答案，验证找到的答案是否能够真正解决问题；如果没有从书中找到合适的答案，就继续阅读，寻找并总结最优方案。

以《定位》为例，我一直想努力尝试回答如何进行个人定位的问题，于是购买了很多本关于职业生涯规划和定位的图书，希望能帮助自己解决这个问题。后来，我从《定位》一书中受到了一些启发。这本书有价值的内容都集中在第 1 章、第 20 章和第 21 章，所以其他章节的内容我只粗略地浏览了一下，尽管企业品牌和产品定位是本书的核心部分，作者用了大量篇幅阐述定位的价值，并辅以大量生动案例，但是对于此刻不关心这些的我来说，也并没有太大价值。

当阅读目标十分清晰时，所有有用的知识和思想都会指向你的目标方向。对于《定位》这本书，我的阅读心得是为了回答“如何进行个人定位”这个问题而写的。也正是因为有了明确的阅读目的，我的阅读才变得专注，进而获得了较快的阅读速度。现在市面上关于快速阅读技巧类的图书很多，但是我自始至终都没有推荐过相关的书，因为我强烈建议，不要单纯为了速度而进行快速阅读，盲目追求速度意义不大。

书名：《定位》

作者：[美] 艾 · 里斯 杰克 · 特劳特

问题：如何进行个人定位？

问题 1：定位是什么？

定位可以是一件商品、一项服务、一家公司、一个机构，甚至是一个人，也许就是你自己。定位的最新定义是如何让你在潜在客户的心智中与众不同。

问题 2：定位的基本方法是什么？

定位不是去创造某种新的、不同的事物，而是去操控心智中已经存在的认识，去重组已存在的关联认知。

问题 3：定位的原则是什么？

越简洁越好。你一定要“削尖”你的信息，使其能切入人的心智。

问题 4：个人定位的方法是什么？

选定某一个具体的概念，把它与自己联系起来。不要问自己是什么，要问自己在潜在顾客心智中是什么？这个具体的概念最好聚焦于自己的专业，让自己成为独一无二的专家。

问题 5：如何进行个人定位？

简单地说，可以总结为给自己“贴标签”，要确定一个你的专属名词，让大家想到这个词就想到你，想到你就想到这个词，而这个词又恰恰能概括你为别人所创造价值的核心能力。想一想：别人愿意给你加冕一个什么样的词语呢？你怎么做才能赢得这顶“桂冠”呢？

说到“杂交水稻之父”，你会想到谁？

说到“中国航天之父”，你会想到谁？

说到华为，你会想到谁？

说到腾讯，你会想到谁？

说到阿里巴巴，你会想到谁？

问题 1 至问题 4 是从书中摘取的精华内容，具有一定的相关性，但是依然不能回答我阅读之前提出的问题，只是给了我一些解答问题的思路。我并没有找到我想要的方法论。

问题 5 是我自己提出的问题，但是因为书中并没有针对我的问题给出清晰的答案，所以我只能根据自己的理解尝试概括。接下来，我又阅读了《战略管理》《人生定位》这些跟个人定位相关的图书，依然没找到想要的答案。后来跟个人品牌专家反复探讨，最终总结出了个人定位的方法论，并将一路阅读探索的收获总结在了《重新定义个人品牌》这本书中。为了寻找“如何进行个人定位”的答案，最终促成了一本书的出版。

我们阅读的时候，都希望作者提供的是即拣即用的“干货”，不要那么多废话。但在实际工作和生活中，我们只是做了将“干货”放入文件夹或收藏起来的动作，却没有找到它们适用的外部环境和条件。虽然一时间感觉收获满满，殊不知只有付诸实践才有意义。真正有价值的“干货”，需要自己在寻找答案的过程中，不断探索总结，变接受别人的“干货”为自己生产“干货”。在阅读的路上，永远要像一个求知若渴的探索者，一路拾遗，寻获至宝。

3. 反刍式写法——古文经典类图书

阅读古文经典类图书是比较耗费精力的，因为有些字词很难理解，所以需要随时查字典，这也是为什么绝大多数人不愿意阅读古文经典的普遍原因。上学时积累下来的一点古文功底，因为长期不用，也消失殆尽。

曾经遇到过一年能读上千本书的朋友，佩服之余，也向其请教过读书经验，朋友给出的答案是一般会把精力集中在经管类图书上，驾轻就熟地快速阅读。但是他们也坦陈，古文经典类图书快速阅读的难度比较大，只求读得快，没有领悟，收益也不会大。

读古文经典需要将句子印在脑海里，当大脑得到片刻空闲的时候，那些经典语句就会在脑海里出现，如此便可以反复琢磨品味。有一段时间，我脑海里反复回荡着一首苏东坡的词——《观潮》：

庐山烟雨浙江潮，
未到千般恨不消。
到得还来别无事，
庐山烟雨浙江潮。

这首词的意思是说，听闻庐山美丽绝伦的烟雨盛景，浙江钱塘江的潮水宏伟壮观，如果没有亲自观赏一番，就会令人终身遗憾。等到真的去看过了，觉得这蒙蒙烟雨，澎湃的潮水，也不过是庐山的烟雨，钱塘的潮水罢了。这首词说尽了从“见山是山，见水是水”到“见山不是山，见水不是水”，再到“见山仍是山，见水仍是水”的三层人生境界。

苏东坡的一生经历了大起大落，到临终前他写给小儿子苏过这首七言绝句时，已经参透了人生真谛。我们平凡的一生，也会经历大大小小的坎坷，这让我领悟了得失之间的禅意。年轻的时候得到便是“见山是山，见水是水”，失去之后会觉得“见山不是山，见水不是水”，经历世事之后才会明白，得到与失去无非都是自己的心境，再看得失和眼前的世界，依旧是“见山是山，见水是水”。

这一类阅读心得不必追求完整的体系，也不必追求道理揭示的深浅，灵感来的时候，随手写几行，或者洋洋洒洒地写一篇，轻轻松松地记录自己的感悟就好。时常让自己的脑海里回响着李白的诗，回荡着苏东坡的词，回味着李清照的意境，阅读的心得自然会涌上心头，仿佛在跟作者对话，感受思接千古的壮阔，体验字词的豪放婉约，遇到我们这样的隔世粉丝，他们会不会也觉得有点意思。我有时候会臆想，他们对我说：“小徐啊，你对古文经典的学习不够精进，是不是过于顽劣？”我肯定会回他们一句：“我天资愚钝，悟性尚浅，读古代经典的作品，犹如仰望璀璨星空，能与大师隔空对话已经受益匪浅，无奈大师们已经仙去，无人从旁悉心教导，我只能自己摸索，进步缓慢，当可谅解。”

阅读古文经典类图书时，就把它当作古人写给你的一首诗词。为了能够有效沟通，你需要把诗词翻译成白话文并解释给他听，然后把你在当世的感悟一并分享给他，如此一篇阅读心得就成稿了。这个过程可以概括为“回味—理解—领悟—分享”四个阶段，阅读心得也可以沿着这个思路来写。用这样的方式跟古人聊聊天，渔歌互答，也是阅读中的一件趣事。

你最想跟谁聊天？跟“王侯将相，宁有种乎”的司马迁？跟“安得广厦千万间，大庇天下寒士俱欢颜”的杜甫？还是跟“便纵有千种风情，更与何人说”的柳永……与大师们在历史长河中留下的墨宝相比，那些当下的“10 万 +”和“震惊：……”之类的爆文，真的值得我们付出宝贵的时间成为别人内容算法里的用户吗？我们能从这些瀑布般的网络文章里收获什么？如果我们一直沉浸在这些浮萍般的网络信息里消遣，创造数千年文化瑰宝的大师们会不会感到无奈？实力文豪被流量打败了，他们是不是很不服？

我们以斯蒂芬·金的《写作这回事》一书为例，看看我在这本书里收获了什么。这本书是我翻阅了几十本写作类图书后，发现的最有趣的一本。正如《写作这回事》序言二里所说：“论写作的书大多废话连篇”，看到这句话，我大笑不止，有种找到知己的感觉。如果把从没读过写作类图书，觉得它们大多废话连篇的感觉，比喻成没谈过恋爱的人，认为爱情不值得期待，那么，我的这种感觉就是经历了爱情的酸甜苦辣，再回头看爱情，才能发现爱情的真谛，这是我读到《写作这回事》一书的真实感受。

写作这回事，不管是撰写阅读心得，还是文学创作，最重要的是提起笔去写，或打开电脑不停地敲击键盘。

第七章

输出：如何讲书

常听到一句话：“输出是最好的输入，而讲书，是最立体的输出。”

讲书的兴起

随着知识付费平台不断涌现，大量知识类 IP 迅速产生。因为所有有价值的思想都依托人脑产生，所以知识分享成为个体提高影响力的主要方式之一。阅读分享作为知识分享的一个分支，成为进入门槛较低的聊天话题。

将阅读分享提升到更高的维度，就可以称之为讲书，即通过演讲的形式，用别人听得懂的语言和逻辑阐述书中最有价值的思想，并分享自己的收获，这也成为很多知识付费平台的主打产品。

我之所以极力推广讲书，是因为在茫茫人海中，我遇到了太多人，他们觉得自己没有做什么值得称道的事情，没有任何发明创造，并不优秀出众，也没有什么梦想，甚至连自己真正喜欢什么都不知道。但是我想说，作为一个独一无二的生命个体，他们身上的光芒被生活的尘沙掩盖了，我切切实实地感受到了他们身上那种对生命之光的渴望。

阅读可以启迪智慧，也可以点亮梦想。不管是青春年少，还是耄耋老人，阅读都可以使其大脑保持活跃，分享则可以让两个本来黯淡的生命相互照亮。讲书人站在舞台中央，他讲的内容像丢进平静湖面的小石头，荡过人心的湖面，泛起阵阵涟漪，由近及远，层层穿透，让每个人置身思考的微波中。讲书的内容不仅可以影响现场听众，还可以通过网络影响更多的人。

讲书的价值

1. 加深对好书内容的记忆

当阅读行为停留在获取自己的阅读心得时，也许只能收获图书一半的价值；如果阅读之后没有跟其他人进行过思想碰撞，也没有将收获应用于实践，那么你的收获很快会被遗忘。这正是阅读之后记不住内容的主要原因，就像没有人会一直记得某天中午吃了什么，只有当你不断跟人推荐这道菜好吃，这家餐厅的用餐体验非常特别时，你才会对这道菜和这家餐厅印象深刻，甚至终生难忘。读到一本好书，就要不断地把它推荐给周围的人，通过这种方式不断回想书中的经典语录和自己独特的感悟，才能将这本书的价值融入自己的思考和行为之中，才会印象深刻。

2. 加深对好书内容的理解

通常情况下，我们读完一本书，会对有些内容一知半解。因为没有其他动机驱使，往往这些疑点就不了了之了。如果你要去分享一本书，就会因为担心听众会提出一些刁难的问题，而对那些心存疑惑、一知半解的内容忐忑不安。于是就会主动去查阅资料，或向他人请教，在这个过程中加深自己对相关内容的认识和理解，并加深记忆。

3. 提高自己的表达能力

或许你已经是某个领域的专家，拥有了较为成熟的思想体系；或许时运之神还未光顾你，你还处在潜龙在渊的阶段；也或许你就想做一个平凡的人，过平凡的生活，但不管什么样的人生，都有值得分享的阅历和梦想。站在讲书的平台上，每个讲书人都是平等的，需要用一本书或者一类书，与听众在最广的范围里形成紧密的链接。通过讲书，可以把作者的思想真正融入自己的思维，再通过适当的表述输入听众的脑海。如果缺少了讲书这个环节，或许你就不能发现，原来自己距离这本书真正的思想表达还那么远，而当你用自己的语言将它们娓娓道来的时候，书中的价值才真正归于自己。也才能发现，原来有些内容自己理解得依然很肤浅，以至于无法用自己的语言准确地将它们表达出来。

4. 提高自己的专业水平

长期关注某一个领域的图书，并不断演讲，可以提高自己在这一领域的专业水平。通常需要阅读 99 本以上的图书，才能找到一个领域里最经典的图书，从中挑出 9 本，然后对其中 1 本反复精读，这里的“1—9—99”就构成了“一个、一枝、一树”的三层逻辑。每个领域都有一本典型代表作，其他相关作品都或多或少地借鉴这本书，从而促使这一领域的研究不断精细化。所以，如果你想成为某一小众领域的专家，就要加强系统阅读和分享，这一点必不可少。

5. 建构自己的思想体系

讲一本书其实是在分享一个有价值的思想，就像树上挂着的一个果实；讲一个主题其实是在梳理一个领域里的思想精华，就像一棵树的一个分枝，结出的果实挂满枝头；讲一个体系其实是在建构自己的“思想树”，整棵树硕果累累，果实与果实之间，靠树枝连接，形成一个完整的有机体。

在阅读了一个领域里的 100 本书之后，还需要关联该领域里大量的图书，以此来进入更开阔的领域阅读，阅读量也会随着领域边界的扩展大幅度增加。当这一扩展阅读量超过 1000 本时，就会呈现出一张阅读地图，或者建构出一个庞大的金字塔型体系。有了这个根深蒂固的阅读量作为基础，你的“思想树”也会越长越茂盛。当然，你可能会担心，那么多书怎么读的完？其实，读书越多的人，读书速度越快，因为很多内容早就在其他书中看到过。

跟别人分享一本好书看似不是你的刚需，但是如何记住书中的精华却是阅读的痛点，分享是解决这个痛点最有效的方式之一。很多时候，我们解决问题都是头痛医头，脚痛医脚，比如记不住内容，以为多读几遍就可以记住了，最后发现记住的依然不很多。在反复尝试解决一个问题未果后，只好放弃，并将原因归咎于年纪大了，记性差了。这里我想跟大家分享一个我自己屡试不爽的办法，就是所有问题向自己感兴趣的领域寻找方案，依靠自己擅长的事情、渴望获得的欲望以及喜欢的方式来解决问题，总会找到办法。

讲书的方法

1. 讲什么书

要做一场令人印象深刻的图书分享会，在选择图书的时候就要遵守一些基本原则。在自己阅读过的所有图书中，选择那本最打动自己或者让自己收获最大的书，而不要刻意选择畅销书或者作者知名度很高的书。因为畅销和知名度都不足以建构你作为一个讲书人与听众的链接，只有选择让你受益匪浅并为之感动的书，才能在讲书时建立你与听众的有效联系。

2. 讲什么内容

> 改变人们对这个世界认识的任何东西都可以被称为“思想”。任何一个人，只要拥有值得分享的思想，就能发表精彩的演讲。在公共演讲中，唯一真正重要的东西不是自信，不是舞台展示，也不是流利的语言，而是有价值的思想。
>
> ——选自《演讲的力量》

现在提到如何演讲时，很多人提倡故事思维，故事成为演讲时经常采用的形式。但是，我们讲书的目的不仅仅是给听众一个有趣的故事，我们要传递给听众的是有价值的思想，这是 TED 演讲（TED，Technology，Entertainment，Design 的缩写，即科技、娱乐、设计，TED 演讲的特点是观点明确、开门见山、种类繁多、看法新颖）一直奉行的价值观，我也发自内心地认同。几乎所有的演讲类图书都会提及故事演讲，对故事的作用给予极高的评价和定位，并从生物学角度去诠释人类是如何被故事吸引的。这也造成了很多演讲者过于沉迷于故事演讲，为了打动人心而打动人心，对故事情节过度修饰，最终导致听众把你的演讲看作一场表演，效果实在不敢期待。书作为一种思想的载体，本身就充满了价值，作为讲书人如何将书中的价值巧妙地分享给听众，值得花时间研究，不能舍本逐末，过于关注形式。但是在有了核心思想价值之后，可以选择不同的形式去表达，这才是正本清源的做法。

具体说到讲书的内容，这取决于讲书时间的长短。一般的读书会留给每一本书的时间是 10 分钟左右，有的参考 TED 演讲时间，大致在 18 分钟左右，这主要是基于注意力集中的时长考虑的；有一些讲书视频会把时间控制在 30 ~ 45 分钟，这个主要是基于图书的精华分享，将一本字数在 20 万字左右的图书，提炼成 5000 ~ 10000 字的“干货”分享给听众；当然，也有一些时长在 90 分钟左右的讲书活动，这一般都是作者亲自讲书。

作为一名普通读者讲书，时长的选择很重要。时间太短，精华提炼得不够充分；时间太长，内容与主题容易脱节，造成逻辑涣散，而且准备时间太久，耗费精力，8 ~ 15 分钟比较合适。

很多讲书人会在一场演讲中面面俱到地进行分享，内容繁杂，体系混乱。讲书的过程中往往每一点都有提到，但是又讲得不够精深，很难在某一点上打动听众，听众的注意力也无法深度聚焦，所以听这样的讲书会很疲劳。“伟大的创作取决于你删减文字的能力”，这是作家理查德·巴赫的观点，对于讲书来说也是同样道理。讲书人要不断叩问内心：你想讲的核心观点是什么？你想解决什么样的问题？你想给听众带来什么样的启迪？然后，把与此并非密切相关的内容果断删掉。

（1）分享文学类图书

如果你想分享一本小说，那么对于作者的家庭背景和时代背景就需要刻意地进行了解，探寻故事的创作动机，这能让你更加深刻地理解小说本身。同时，对小说主人公的命运发展和整个故事脉络也会有更多想象，从而将小说带给你的启迪和你真实的想法分享给听众。

在你的整个阅读过程中，你会对作者的写作手法和驾驭语言的能力有所感受，所以讲书时也可以对这一部分做适当点评。但是切记，作为讲书人，你的言论一定不要凌驾于作者之上，真实地分享你的感受就行了。评价一本书的好坏是书评家的事，书评家与讲述人的定位是不同的。

对于文学类作品的理解是见仁见智的，所以讲书思路也是五花八门的，只要坚持“取其精华，去其糟粕”的原则，将你获得的最有价值的部分，连同你的内心感受一并分享给听众就好了。

（2）分享经管类或科普类图书

如果你想分享一本经管书或者科普书，告诉听众一个理论，比如《黑天鹅》《灰犀牛》《墨菲定律》这样的书；或者推荐给听众一个工具，比如《番茄工作法》《金字塔原理》《思维导图》这样的书；再或者跟听众分享一类知识，比如《时间简史》《人类简史》这样的书，这些都比讲一本小说更难打动听众。因为讲这类书会很容易陷入空洞无趣的说教，将讲书变成一堂拖沓冗长的培训课，令你的演讲黯然失色。

讲这一类书的方法是概括书中最有价值的内容，将它作为你的演讲主题，而且最好确定一个关键词，整个演讲内容的设计都紧紧围绕这个关键词进行。尽可能地删除不必要的旁支，尤其是不密切的分论点，使整个讲书内容形成一个逻辑严密、内容充实、故事生动的完整体系。

（3）分享散文或诗歌

如果想分享一本散文或者一本诗歌，就可以选择书中的一段经典内容进行朗诵，这会使你的演讲更有舞台魅力。与此同时，可以分享作者的创作背景、灵感来源，以及你的体验和感悟，将作者或讲书人的经历以故事的形式分享给听众。

以《苏东坡传》这本书为例，可以分享影响苏轼文风的重要事件。苏轼因为乌台诗案，被贬到黄州任团练副使，没有实权，他的多位好友也受到牵连，王巩就是其中一位。公元 1083 年，王巩从被贬之地岭南北归时，苏轼为他接风。王巩有一个小妾叫寓娘，陪着王巩一直在岭南生活。苏轼见到寓娘很意外，她并没有因为被贬之地生活困苦，就变得憔悴不堪，而是看上去越发年轻了。苏轼就问她什么原因，于是就有了这句传颂近千年的名句："此心安处是吾乡。"虽然这句话在诗词里不是第一次出现，但正是因为苏轼写了这首流传千古的《定风波》，才使得这句经典流传至今，它所展现的人生态度给了无数的文人墨客以启迪，也深深地影响了苏轼。苏轼历经宦海沉浮，修炼出的豁达态度和处世哲学也让很多人高山仰止。

定风波·南海归赠王定国侍人寓娘

苏　轼

常羡人间琢玉郎，

天应乞与点酥娘。

尽道清歌传皓齿，

风起，

雪飞炎海变清凉。

万里归来颜愈少，

微笑，

笑时犹带岭梅香。

试问岭南应不好，

却道：

此心安处是吾乡。

古人的诗词，以其简洁凝练的用字，含义隽永的用词，韵律严谨的用语，展示了各种场景，准确地描绘了作者当时的心境，带给我们美好的意境，值得反复品味，如今读来依然能带给我们情感的共鸣和思想的启迪。在分享散文和诗歌类图书时，巧妙地利用作者的人生故事作为内容支撑，会让讲书变得生动有趣。

（4）分享家庭教育类图书

如果你想分享家庭教育类图书，可以用解决问题的逻辑。比如，遇到了什么困难—通过阅读什么书—从中学到了什么方法—应用在子女教育过程中—起到了怎样的效果或者发现了什么新视角—有怎样的新收获。借助故事串起方法论，借助故事的力量呈现问题解决方案，是一种很实用的讲书模式。

请记住：无论讲哪一类书，都要回答一个问题——为什么是你来讲这本书，而不是别人，你与这本书的独特链接是什么？是作者塑造的小说主人公打动了你，引发了你的共鸣，带给了你别样的启迪，还是让你发生了改变，抑或是其他什么特别的。这是听众接受你来讲这本书的源头，也代表了你的说服力。所有讲书人都需要正视这一点，并通过真诚的语言告诉听众，这一至关重要的理由，它将为你建立与听众之间最紧密的信任关系。

3. 如何准备讲稿

一个好的演讲框架将使你的讲书脉络清晰，好像一部戏剧的脚本，每一步都有精心的设计。具体来说，你可以使用完整的稿件来呈现你的演讲，也可以使用演讲框架来做即兴演讲，选择符合自己习惯和风格的方式就好。但是，无论哪种方式，都需要精心准备。

（1）确定主题

这里要回答三个问题，即这本书的核心价值是什么？这本书打动我的原因是什么？听完我讲这本书，听众能收获什么或者会采取什么行动？

通过回答这三个问题，来策划讲书主题，从中可以提炼出演讲的核心观点。主题不宜过长，最好聚焦在作者的核心观点上，概括为一个关键词，也不建议采用网络爆文的主题形式，这很容易让你的主题看起来浮夸且没有说服力，让听众觉得你不够真诚。当然，这不是说作为讲书人，你的主题就要严肃乏味，我只是建议不要过度包装主题。主题和内容生动有趣对于一场讲书来说是非常重要的，怎样让主题变得生动有趣，这需要你日常的大量积累。

（2）确定三个分主题或者分论点

这个可以结合目录来选取。在读完一本书之后，你很可能已经在书上做了很多标记，甚至已经写完了阅读心得，所以很容易找到书中最有价值的内容。这时，只需要从中找出三点对主题起到支撑作用的内容作为分主题或分论点，并将它们概括成三个关键词，再扩展成三个精练的句子，然后从相关章节或自身经历中寻找素材来支撑相应的分主题或分论点即可。

（3）得出结论

试着得出一个结论。这个结论更多地来自你的感想与收获，它可以是一个升华的认识，一个新颖的想法，或者是一个行动的号召。

（4）试讲

TED掌门克里斯·安德森在《演讲的力量》一书中建议，要想象对着自己真正喜欢的人，给他做一场演讲，让他听你的演讲，就像你在跟他对话一样自然。这真的是个非常不错的建议。但是，对于一部分人来说，他们很难找到让自己真正喜欢的人。也正是因为没有喜欢的人，使得他们的生活单调乏味，所以才去读书；从另一方面来说，一些人从书中学到很多道理，但是依然过不好一生，就是因为缺少生活中的实践，所以读书和生活缺一不可。在这里插入一段调侃，希望不影响我来解释怎样试讲，我们还是对着镜子或者手机练习讲书，更切实可行。

利用前三步设计出来的框架进行试讲，是验证自己的逻辑是否严谨的重要一环。在一遍一遍的试讲中，你会不断地创造出金句，给自己以信心。你也可以调用自己印象深刻的内容，尝试使用讲稿框架进行试讲，在感到内容和素材不够充实时，再回到书中相关章节，或者从自己的阅历中进行挖掘。

在试讲过程中，要做好录音。最好使用可以将录音转成文字的App，以最大限度地保留口语化的语言。因为大多数人都不具备演讲的经验，为了现场不出差错，很多人会写好演讲稿，然后背诵下来。我非常不建议这么做，因为这会降低你即时调用大脑里词汇的能力，同时，由于讲稿语言往往过于正式，有时甚至晦涩难懂，也会破坏你跟听众的直接链接，这些都不利于讲书能力的提高。

当然，讲书并没有规定的范式，每个人只要依据自己的喜好，采用能让自己放松下来的方式即可。

（5）整理讲稿

对那些钟情于使用完整讲稿的演讲者来说，要根据自己的多遍录音反复调整讲稿，并进行多次演练，直到烂熟于心。然后，要进行脱稿练习，直到你觉得整篇讲稿的思想已经融进了自己的血液，自己特别有欲望把这本书的收获分享给听众时，说明讲书的时机已经成熟。

■ 关于讲书的开场

为什么要特别写一下讲书的开场呢？我经常看到一些讲书人，因为采用了培训式或者论坛式的开场而把讲书搞砸。他们低估了讲书的难度，一开场就使用溢美之词介绍自己的履历，然后毫无目的地开始漫谈，还有人特别愿意使用“时间很短，我只能简单讲几点”这样看似谦虚的语言，殊不知这会让听众感觉不被尊重和重视，仿佛这次讲书只是临时来做个简单的分享，并没有做认真的准备。讲书作为一种价值分享活动，书是内容来源，而演讲是呈现形式，需要符合演讲的一些基本原则。

在开场的一分钟里，一定要将听众的注意力抓住。不管你是尝试以一个有趣的问题开场，还是讲一个跟主题相关的小故事，抑或是展示一段 30 秒的视频或者几张照片，甚至是一段引人入胜的叙述，都需要借此迅速抓住听众的好奇心，让他们跟随你讲书的进程，渴望对你分享的主题一探究竟。

讲书是一场带领听众去往精神世界的旅行。从一开始，你就要像面对一批从未到此一游的游客一样，带领他们开场便有“忽逢桃花林，夹岸数百步，中无杂树，芳草鲜美，落英缤纷”的惊喜，引发好奇心，想跟随你一探究竟；然后是“初极狭，才通人，复行数十步，豁然开朗”，与听众一起见到怡然自得的世外桃源，如同听众自己发现了桃花源一样。听完你的讲书，他们会马上去买你讲的这本书，去寻找那片“桃花源”。

当然，很多人听讲书人讲得热血沸腾或者热泪盈眶，而自己去阅读这本书的时候，却发现即使按照讲书人留下的标记“寻向所志”，亦不能重见奇景，有时候还会觉得被讲书人骗了。为什么会出现这种情况呢？原因在于，讲书是基于读者与作者之间特殊的互动而产生的思想价值。讲书人的知识功底和文化素养对于一本书的呈现至关重要，是讲书人用阅历解读了这本书。读者没有寻访到书中的盛景，大抵是因为自己年纪尚轻、阅历尚浅的缘故，抑或读书量不够，知识面不广，这也值得庆幸，还有很多的美好时光去重读这些经典。

■ 关于讲书的结尾

一场精彩的讲书临近尾声，我们需要用怎样的语言来结束这场演讲呢？可以采用以下几种形式：

①发出一个行动号召。在讲书的过程中，我们已经跟听众分享了有价值的思想。明代大思想家王阳明先生提出“知行合一”，只有做到知行合一，思想的光芒才能生生不息。所以可以在讲书结尾，号召大家一起将闪光的思想付诸行动，这会促使那些内心

已经被讲书人打动的人，积极地行动起来。

②得出一个铿锵有力的结论。用精简深刻的语言，描述出一个令人震撼的结论，这样既能升华自己的演讲内容，又能引发听众进一步思考，让思想进一步触及内心深处，令听众心潮澎湃，久久不能平静。

③提出一个扣题的问题。回到主题，重新审视演讲开场时提出的问题，首尾呼应，保持整场演讲逻辑的连贯性，用一个深刻的问题回答另一个问题。在不断的思考中，引导听众认识一个全新的角度。

没有千篇一律的开头，也没有整齐划一的结尾，所以你可以尝试很多种方式进行结尾。在驾驭语言、表达思想的讲台上，每个人都可以有独树一帜的风格，只要你被好书打动，或者因为一本书做出了改变，你的故事就值得分享给听众。

4. 选择什么讲书风格

（1）穿插幽默

幽默在演讲中必不可少，在讲书中也很受欢迎，这是快速拉近与听众关系的方法。当然，没有刻意练习或者不苟言笑的人在讲书中使用这种方式，容易弄巧成拙。可以在准备演讲的时候多加练习，让幽默自然而然地传入听众的耳朵，引发笑声。尽量让这个环节看起来自然，而不是有意为之。幽默需要练习，如果你能在生活中自然而然地讲出一些段子来，那么讲书的时候也会带给自己惊喜。

（2）暴露脆弱

人生来就有同情心，大脑中的镜像神经元决定了人的共情能力。所以释放讲书人的脆弱，很容易与听众形成强烈的情感链接，将听众带入你讲书的情景之中，但是要避免将听众带入脆弱的刻意表演中。

（3）推理逻辑

很多不擅长讲故事的人，更喜欢用数据进行严密的逻辑推理。这在工作场景里最为常见，大量的数据和图表的呈现，具有很强的说服力。讲书人也可以借助这些内容得出有趣或者令人惊喜的结论，这样的形式更引人注目，更能引发人们的好奇心。使用这些内容时也要注意，时间不能太长，因为信息量太大，人们会失去兴趣。

（4）描绘场景

如果你的讲书想为读者呈现一个梦想场景或者未来场景，就要使用场景描绘来激发听众的想象力，比如面朝大海、春暖花开时，很多人的脑海里就会匹配出一个大海的场景。讲书时，运用语言进行场景构造，很容易将精彩内容带入听众大脑，并使其形成具象且深刻的记忆。讲书人要运用生动的语言来描绘场景，与听众一起创造内心世界，就像好的小说，阅读时会带给读者美好的想象力体验。

如果以上几种讲书风格结合使用，可以给听众留下更加深刻的印象。

5. 讲书工具怎么使用

（1）第一个道具是 PPT

在很多类型的演讲中，都会用到 PPT 作为道具。但是，有些 PPT 只是文字的堆砌，密密麻麻，找不到重点，毫无美感可言，这样的 PPT 肯定是不合格的。

讲书现场一般都使用简洁模式的 PPT。TED 演讲中的 PPT 给讲书人做了上佳的示范。他们一般使用 16 ： 9 的宽屏，同时用黑色作为背景色；字体颜色多使用白色或黄色，同一个 PPT 当中会使用同一种字体；字号一般会选择三种，针对不同的标题层级，每一种字号都要大于 24 号，这是 PPT 制作中的细节。但 PPT 中切忌成段地堆砌文字，这会影响听众的观感。

PPT 的页面尽量简洁美观，如果需要突出文字，就要放大字号，深色图片上插入文字，文字要反白显示，这样呈现在图片上的文字就会很醒目。PPT 上只放讲书要点和精华，绝大多数讲书内容要通过刻意、反复的练习进行准备，记在心里。照着 PPT 念的讲书毫无吸引力。

（2）第二个道具是视频

每一场讲书活动中，最多插入四段视频，每段视频的时间不要超过 30 秒。如果视频播放时间太长，听众的注意力会从讲书人身上转移到视频上，进而影响讲书人的呈现力量。

（3）第三个道具是手卡

将演讲中的关键词写在手卡上，像主持人在主持节目的时候用的提词卡片一样，在适当的时候看一下。同时使用简洁的 PPT

页面作为背景，这种方式很适合习惯用演讲框架来演讲的人，看起来台风非常棒，演讲也非常流畅。但是，不建议将演讲的内容密密麻麻地抄在手卡上，因为念手卡的感觉也非常不好。

使用手卡方式讲书前更应该做大量准备，将演讲框架和关键词写在手卡上，其他内容即兴演讲，这样看起来大方、自然，再配合流利的语言，就可以将自己的思想顺利地传递给听众。

提词器和背景音乐也是讲书人会用到的道具，但我不太建议在讲书中使用，因为它们会影响讲书人跟听众的交流。道具的使用是为传递内容服务的，所以不要刻意使用道具，而忽略了内容本身。当然，我们也要学习优秀的演讲模式，但一定要学习最有价值的部分，形式只是呈现内容的手段，不能喧宾夺主。

6. 如何打造讲书形象

讲书不是商务演讲，也不是时装秀。讲书的过程是讲书人表达自己思想的过程，是在向听众传递你从书中收获的自信，所以那些带给你能量和安全感的衣服是最适合的。当然，如果你希望镜头里的你看起来更帅气或者漂亮一些，也可以穿得更有气场，这取决于你的喜好。

7. 其他

我研究了很多知识付费图文和视频之后发现，它们大多都是先制造一种压力或者焦虑，之后推销一个课程或者一种产品。这种做法作为营销手段，我们不做评价，但是作为使用者，如果我们没有足够的判断力，就会被这样的内容裹挟。

浩瀚书海有很多经典好书会与你邂逅，这比一场浪漫的爱情更值得期待，因为在书中你会找到叩击心灵的灵魂伴侣。如果你遇到了这样的好书，一定要通过讲书跟更多人分享你的这段精彩奇遇。

附：

关于讲书的 10 个问题

①是什么原因促使我选择了这本书？

②我的核心观点是什么？

③支撑我的核心观点的内容是什么？

④这次讲书的亮点在哪里？

⑤我讲这本书的自信源自什么？

⑥列举讲稿的 10 个关键词。

⑦我会讲一个怎样的案例？

⑧我最后得出的结论是什么？

⑨讲完这本书，我希望听众获得什么价值？

⑩其他补充说明。

第八章

提升：如何阅读“致用之书”

读“致用之书”，将别人的经验与自己的工作和生活结合，学以致用，最后变成自己的经验。

如王阳明先生所说：“知行合一。”要学以致用，最终改变行为的才叫致用之书。

大概是受到读书无用论的影响，有用的图书成为阅读有价值的最好证明，很多介绍阅读方法的书也几乎全部指向这一类致用之书。在我看来，能提高能力、解决问题、提升行为和思维改变的书，都可以列为致用之书。

致用之书门类庞杂，如管理技能类、运动锻炼类、穿衣化妆类、健康养生类等，那些跟日常工作和生活息息相关的书，都可以归于致用之书，真可谓应有尽有。

同一个主题的图书会有多家出版社同时出版，给读者带来了选书困难的障碍。我自己在关注一个主题图书的时候，会依靠自己的判断能力，尽可能买到足够数量的相同主题的图书来阅读。经过充分的阅读和对比分析，我就能在一堆书中选出最有价值的一本，以及可以作为补充阅读的重点书。这个选书的过程很费时费力费钱，但是没有这个过程，便很难鉴别出精品。

当然，用这种方法选书多半是针对热点图书，对于经典图书，因为前人已经做过很多轮筛选，只要遵循前人的选择结果就行了。如果想涉足一个全新的领域，可以尝试找这个领域的朋友推荐会更省力，也更容易读对书，不过多地浪费时间。

如何将致用之书的内容付诸实践，学以致用，是这一章节要重点分享的内容。下面推荐的几本书，我都尝试去践行了书中的理论和方法论。

行为的起点是从意识开始的，佛教里叫作“起心动念”。推动意识改变，要有充沛的精力支持，做好精力管理，这是改变的基础；要有让自己发生改变、变得更好的“心流”，这是激发自己潜力的秘密；还要有危机意识，要意识到人生的每个阶段都有瓶颈，选择主动掌控人生，而不是被动接受改变。极少数人会选择主动改变自己，那些令人佩服的脱胎换骨、凤凰涅槃，大都始于锥心刺骨的创伤和不可承受的失败。

改变意识

我们需要不断地改变意识，才能消除那些不利于我们成长和进化的潜意识。认识到这一点后，就要去阅读跟意识改变相关的图书，找到意识改变的理论，让自己相信改变的力量。其实这是给自己大脑里的“意识小人儿”做思想工作，因为它很懒，不愿意改变。要通过阅读跟自己的“意识小人儿”对话，说服它做出一些改变。

对于你自己，你想改变你的坏习惯吗？（或许你根本不认为自己的某个习惯是坏习惯，所以改变它之前，你需要看见它）你想治疗你的拖延症吗？你想更加合理地安排时间吗？你立下的flag实现了吗？

对于你的工作，你想提高带团队的能力吗？你想提升你跟同事、领导之间的沟通效果吗？你想提高自己的专业能力吗？

对于你的生活，你是不是有比现在更想过的生活？你是不是很想做自己喜欢的自己？你是不是还有很多爱好没有去体验？

那就去阅读跟你想实现的任何一样改变相关的图书。先找到它的理论逻辑，通过那些强有力的理论与自己大脑里的“意识小人儿”对话，借助外部力量说服它。在你启动一项改变之前，你需要强大的动能保障你的改变能够持续。对，就是强大的动能，而不仅仅是一闪而过的一个“决定”。

这里我想引用《流浪地球》里的一段话，做一下“动能”必要性的情景说明。

> 人类的逃亡分为五步：第一步，用地球发动机使地球停止自转，使发动机喷口对准地球运行的反方向；第二步，全功率开动地球发动机，使地球加速到逃逸速度，飞出太阳系；第三步，在外太空继续加速，飞向比邻星；第四步，在中途使地球重新自转，调转发动机方向，开始减速；第五步，地球泊入比邻星轨道，成为这颗恒星的行星。人们把这五步分别称为刹车时代、逃逸时代、流浪时代Ⅰ（加速）、流浪时代Ⅱ（减速）和新太阳时代。

这段文字非常经典地展现了一个独立的星球，在强大的自运行系统中，改变自己的困难程度。其实，人的蜕变也几乎都是因为遭遇了困境，有了主动改变自己的动力，很少有人会在顺境中主动做出这种超凡的决定，改变人生的轨迹，并坚定地付诸行动。

生活的安逸和舒适，会让我们对改变无意识，对一成不变美其名曰“简单的小幸福”，加之要改变自己如此艰难，于是我们习惯于在自运行系统中不停地转动，直到等来命运安排的艰难考验，才被迫离开原来的轨道，成为“流浪星球”，这个过程极其痛苦。

因为生存的危机感的存在，所以我时常会考虑做出一点改变，不断地自我进化，希望可以尽量避开命运之轮的“碾压”。下面介绍的这两本书，它们分别改变了我对精力管理和内容创作的认识。荣格说：“当你的潜意识没有进入到你的意识时，那就是你的命运。”所以，要改变自己，首先就是让自己的潜意识苏醒，让它从潜意识变成显意识，然后再付诸行动，最后引起改变。

1.《超级精力管理术》——精力管理

作为一名创业者，又是两个孩子的妈妈，我总是感觉精力不够用，所以认为是自己的时间管理出了问题。明明已经拼命在挤时间了，还经常不自觉地皱眉，整个冬天右肩膀都有那种进了冷风似的疼，还会不自觉地深呼吸，情绪很容易波动。

在研究时间管理这个主题系列时，我读到了《超级精力管理术》这本书，发现自己长期处于压力状态下，已经习惯了压力的存在。当人长时间处于压力状态时，身体会适应压力而产生肾上腺素和糖皮质激素等化学物质，进而对压力变得麻木。压力日渐成为生活常态，以至于不曾察觉它的存在，我们的身体开始依赖压力制造的这些化学物质，而它们会带来情绪波动、身体疲劳，甚至产生各种慢性疾病。同时，因为压力的存在，身体长期处于耗能状态，使我们无法抵达精力旺盛的巅峰状态，整个身体状况持续下滑，衰老随之而来。

这本名为《超级精力管理术》的书，实际上是一本压力管理手册。精力是人保持高效工作和热情生活的能量基础，而压力是精力进入损耗恶性循环的根源。很多人在压力大的时候会疲惫不堪，打不起精神，也提不起兴趣，好像丧失了工作的激情和生活的活力。了解精力的流动状态和消耗过程，才能掌控自己的精力，就像气功的练习，气沉丹田，让能量流动并集中到最具有价值和爆发力的事情上。通过有效的精力管理，每个人都可以做到每天神采奕奕，思路敏捷，心情舒畅。

如何让人从精力损耗的疲惫状态中走出来，保持旺盛的精力呢？

（1）增强体力，增大动力

①增强体力。一方面是硬精力充值。硬精力指的是激动与热情的精力，是活动与情绪的精力。运动可以增加硬精力，使体内产生内啡肽，可以使人兴奋跳跃、放声怒吼。很多跑马拉松的人，体内会产生大量内啡肽，刚跑完马拉松的那几天会觉得神清

气爽，成就感爆棚。另一方面是软精力充值。人处于放松、舒缓的状态中就会产生软精力，比如冥想、打太极、练习瑜伽和气功。

②保持充足睡眠。充足的睡眠并不是睡得越多越好，《睡眠革命》这本书提出了一个90分钟睡眠周期理论。原来我总是睡8小时，但是觉得睡眠不够，后来调整到睡6～6.5小时，正好在一个睡眠周期之后的浅睡眠时间醒来，就不会觉得疲劳。如果在睡梦中突然被闹钟吵醒，一天都会觉得疲惫不堪。发现自己的生物钟是做好精力管理的要素。

③食物和营养。精力管理的前提是有精力可以被管理，为身体提供必要的营养，保证身体运转需要的能量，才能做好精力管理。精力管理本身就需要消耗能量，所以足够的能量才能对抗身体的习以为常。

（2）减少压力，降低阻力

喜欢饮酒、渴望假期都是拖延症的典型症状，也是压力状态下的“症状”。

压力的来源有紧张性刺激和积累性刺激两种。赶火车、相约准时见面，都会在紧张性刺激下产生压力；长期超负荷工作会在积累性刺激下产生压力，大脑的应急反应区域会对压力做出或战或逃的选择。长期面临压力，应激反应就会反复启动，产生压力应激机制，使身体处于应激状态，对心脏、呼吸系统及各种身体循环都会产生不利影响。

①改变心态。许多压力都来自内心过度的恐惧或渴望，改变

心态可以缓解压力。

②改善方法。不断地学习充电，可以增加释放压力的渠道和方式，而不是将压力一味地集结在自己身上。

③脱离压力。对于承受不了的压力，可以选择逃离，千万不要硬扛。很多人处于承受压力的惯性之中，从不考虑是否要卸载压力。要分清外部压力的来源并分析自己的承受能力，做出合理选择。

精力管理的原理在《自控力》这本书中有相应的解释。如果想更深入地学习原理，可以阅读《大脑整理术》。对于大脑的供能则在《大脑赋能术》一书中有详细的原理分析。这几本书都是讲大脑的工作原理的，内容通俗易懂。如果需要更专业的学习，可以阅读神经科学方面的图书。

2.《发现心流》——激发心流

我是通过阅读《发现心流》这本书发现了内容创作的秘密，你也可以阅读这本书，找到激发你心流的方法。如果想节省时间，那么只需要阅读序言和第一章，因为后面所有的章节都在试图证明前面的理论多么正确。

> 正如本书作者契克森米哈赖所说：“快乐是正面情绪的典型，亚里士多德之后的许多思想家都说过，人类的所作所为，最终是为了追求快乐。我们追求财富、健康或名声，也为了借此得到快乐。”
>
> 古希腊哲学家伊壁鸠鲁说过：“当身体由于匮乏而产生的

痛苦消除之后，身体的快乐就不再增长了，只能在种类上变换花样。物质上不再匮乏，心理层面的幸福感就会取决于自身潜力的开发程度。”

如果一个人不能设定生存目标，不能充分运用心智，他所获得的美好感受只不过是很肤浅的生命体验，也只释放出了自己作为人类所拥有的潜能中的很小的一部分。《发现心流》一书序言里这段话，是为了试图说明有一种高级的快乐叫心流。

心流是契克森米哈赖提出的心理学概念，它指的是许多人形容自己表现最杰出时那种水到渠成、不费吹灰之力的感觉，也就是运动健儿们所谓的“巅峰状态”，艺术家及音乐家所说的“才思如泉涌”。

当你全身心投入一件事情时，会有一种难以言喻的快乐和兴奋。每个人或早或晚都会意识到，只有做与自己能力或潜能匹配的工作，才会深度投入其中。如果不是生计所迫，这样的工作更容易激发心流。只有高难度的挑战与卓越的能力相互配合，个人的全身心投入才有可能触发心流，塑造异于平常的体验和感受。

心流激发出的快乐虽未必比物质满足获得的快乐更多，但心底却有清泉汩汩而出的流动感，温暖而有能量，像修炼了一门高深的内功心法。进行自身的技能提升、做能够发挥潜能的工作以及高度专注地创作时，都会感受到这种深沉的快乐。

（1）心流在哪里潜伏

人们把空闲的时间用于运动、艺术和爱好，或者投入自己热爱的工作时，心流就容易被激发。工作的时候像游戏，游戏的时候像工作，两者都能达到最优状态。

饭局或聚会也能激发心流。四五人的饭局，多了可能缺乏共性，少了不够热闹，不能相互激发。当背景相似、兴趣相近、人数适中时，聚在一起聊天的效果就会显现。大家沉浸其中，探讨一些问题，很可能产生心流的共鸣。

德国一项研究发现，看书越多的人，心流体验越多，而看电视和泡沫剧多的人正好相反。

（2）心流如何激发呢

①高度专注

要想提高心智运作的层次，必须学会集中注意力。在自然状态下，意识处于散乱状态，像没有通电的导体，念头也会随时冒出来，全无逻辑和前后关联。而将注意力集中到一个目标上，让意识的电荷向同一个方向导电，此时专注流通的意识便称之为“心流”。

②反复练习

灵光乍现让人兴奋，但不能持久。要进行长期而刻意的专注练习，让自己的心流反复被激发。

选择自己喜欢的领域，进行深度学习和思考，并记录自己的思考内容，长期反复练习，便会激发自己的潜力，形成越来越强大的心流效应，感受艺术家创作的成就感和满足感。

这本书教会我创作与灵感对接的过程叫心流。我知道了如何做才能打开心流的闸门，让我有意识地激发心流，用来提高工作的质量，或者改善生活品质。

3.《第二曲线》——危机意识

一方面，我努力踮脚张望未知的世界；另一方面，我又谨慎怀疑任何新的概念，是不是只是旧瓶装新酒。抱着这种矛盾的心态，我关注到了《第二曲线》和《第二曲线创新》这两本书。第二曲线作为创新轨迹的视觉描述，一目了然地展示了创新发动的时机、发展、巅峰和衰弱的过程。如果将每个公司、每个产品、每个个体的持续发展作为第一曲线的话，第二曲线就是在第一曲线的发展未到达巅峰（极限点）时的提早布局，也就是提早破局。

S 形曲线是一个数学概念，后来被商学院的教授引用到解释创新的理论中，并做了管理学应用和案例分析。查尔斯·汉迪的《第二曲线》一书讲到，第二曲线要在第一曲线到达巅峰之前就开始增长，只有这样才能有足够的资源（金钱、时间和精力）承受第二曲线投入期的最初下降，如果在第一曲线到达巅峰并已经掉头向下之后再开始第二曲线，那第二曲线的生长土壤已经不够肥沃了，它的增长潜力也受制于资源的短缺，而很难实现多倍增长。因此，第二曲线的出现时机非常重要，这也就是“福兮祸所至，祸兮福所倚”的管理学体现。

第二曲线的出现时机怎么选择呢？我没有按照原来的解释，

而是把它解释为阴阳八卦中藏着时机的奥秘，我认为用这个逻辑解释个体更合适。

第二曲线的出现，不在目的地的位置，而在无限趋近目的地的任何一点的切线上。呈现为八卦图的样子，这是最好的解释，衰败也是同样的道理。这一点在查尔斯·汉迪的人生轨迹里也得到了相应的验证。他在壳牌十年，在即将履职一个国际分公司经理时毅然辞职，休整两年之后，进入伦敦商学院，成为终身教授；然而，这里并不是他的终点，他希望自己成为全职作家，于是又花了四年时间做到了这一点。在查尔斯·汉迪的人生轨迹里，我们可以看到他潜意识中始终驾驭着自己的第二曲线，所以才能不断破局。

第一曲线的成功可能会让人们对潜在的新技术和新市场视而不见。因为成功蒙蔽了双眼，多数人都只会不断巩固原有的成功模式，在第一曲线中经历出发—巅峰—衰弱的过程。也许是成功的惯性使然，人往往只有在画出巅峰的弧线很远以后，才会意识到之前到达的就是巅峰，而在那之前的膨胀、骄傲自大正是衰退的风险，也是进入第二曲线破局的时刻，但往往已经错失良机。《创新者的窘境》一书的作者克莱顿·克里斯坦森教授将第一曲线的下滑称为“技术滑坡”。

不知道你是否考虑过你的人生处在怎样的阶段？有没有从旁观者的角度去寻找自己命运的正弦曲线？是否在第二曲线的迭代中实现连续升级，而让震荡在不确定性中遵循相对确定的切线定律？震荡不可避免，只能努力向上，让波峰区域尽量变大，波谷区域尽量变小，这也符合瑞·达利欧的风险管理原则。许多成功人士都在不知道第二曲线的情况下完成了自我改造和重塑。

第二曲线创新的本质是什么？

像过气的企业会被市场淘汰一样，企业自身也要敢于破坏自己过气的业务和过气的产品；相对于企业，个体更难打破自己，尤其是当人生处在无限趋近巅峰的时刻，重塑自己会更加艰难，这是人性使然。极少数人会在登顶之前就开始新的展望和选择。

用第二曲线的思维模式也可以解释范蠡成为商业鼻祖的原因，只有急流勇退，归隐江湖，才有机会成为商业文明的开山祖师。相较来说，那些功高盖主，最终被赶尽杀绝的人，都是在无限趋近目标的时候，没有选择及时驶离目标，不懂得目标中心同时也是风暴中心的道理，最终粉身碎骨。

对于个体来说，第二曲线的意义就是在仰望自己两三年即将到达人生巅峰时，为自己提早规划，也就是提前匹配资源，提前蓄势，为谋取更长足的发展做好准备，引导自己在巅峰到来之前进入第二曲线。

对于个人品牌来说，S 形曲线有着事物发展的自然规律赋予的天然能量。愿你的脑细胞中有第二曲线的深刻意识，不断地在人生轨迹中为自己画出人生进化的漂亮弧度。

改变行为

有了改变的意识和动力后，我们就需要学习有效的方法。一位六十多岁的退休阿姨跟我说，她一直想学英语，但是总找不到合适的方法。后来终于找到一个适合自己的 App，现在每天学 1 小时英语，已经坚持 1 年多了。这说明了什么？

改变需要正确的方法论做支撑，很多人停止改变，往往是因为方法不对，导致改变的阻力太大，最终放弃了。所以选择正确的方法论很重要。

我建议大家大量阅读方法论方面的图书，因为只有你自己知道怎样的方法论适合自己。所以，不要放弃寻找，也不要放弃改变，不断阅读，不断尝试，最终你会发现改变原来轻而易举。

我们一直坚持不断地自我优化和系统升级，是为了保持面对选择时的自主权，而不是随着年龄的增长，慢慢变得别无选择——无法选择工作，无法选择爱情，无法选择自己想要的生活。你可能会说：“我敢于选择平庸”，但是平心静气地想想，只能被别人选择的人生，会不会有些许悲哀？

这里跟大家分享三本改变我生活的图书，供大家参考。

1.《深度工作》

每个人都需要深度工作，因为在沉浸中才能激发创造力，就像大脑里产生了强劲的电流，思考和创意的火花噼啪作响，像极了游戏通关的过程。《深度工作》一书就一本正经地讲清楚了获得这个技能的方法。

我很欣赏卡尔·纽波特对于“深度工作”的定义，在讨论一个问题的时候，一定要界定清楚它的内涵和外延，问题才有机会被讨论清楚。深度工作，即在无干扰的状态下专注进行职业活动，使每个人的认知能力达到极限。这种努力能够创造新价值，提升技能而且难以复制。

深度工作是一种必备的技能。我们所处的时代是信息经济时代，我们必须拥有快速学习复杂知识、掌握新技能的能力。没有深度工作的锻炼，很难创造有价值的产品，用户就会通过便捷的网络找到更好的替代品。所以想要成功，就必须在自己能力范围之内生产出最好的产品，而这项任务的完成需要深度工作。

> 让你的头脑成为透镜，汇聚专注之光，让你的灵魂完全投入到头脑中的主导之物上，尽情吸收思想。
>
> ——选自安东尼·达尔梅斯·塞汀朗吉思《知性生活》

想要迅速地梳理清楚复杂问题，找到解决方案，掌握复杂事务的逻辑，你必须高度专注，不能有任何干扰。学习，是一种深度工作的行为，也是深度工作的一种练习途径。

人们一直有个错误的认识：只要有足够的动力，就可以瞬间转变工作和生活状态，让自己变得专注、优秀，并且生活美满，能做好任何想做的事。然而，实际情况是，我们认为我们有的能力和实际能力差了一大截，我们完全没有自己认为的那么无所不能。比如，对于一个饱受失恋折磨的女生，给她一个世界上最完美的男友，她也无法从灰姑娘变成公主；对于一个表现平平的男生，给他一个大公司的总裁位置，他也无法乘风破浪。我们认为的爱情波折或者怀才不遇，事实上不是运气的问题，而是你的能力配不上你的想象。这些遭遇是在提醒你：需要通过改变提升自己了。

通过对书中的内容进行重新梳理，分享三个重要收获：

（1）什么阻碍深度工作

最小阻力原则：在工作环境下，若各种行为对于底线的影响没有明确的反馈意见，建议你选择当下最简单的行为。也就是说，一般人都会选择最简单且不给自己添麻烦的方式来处理事情，以降低难度，并给自己减少麻烦。

这种趋易性工作心态，就像单细胞动物的原生本能趋光性一样，降低短期的专注力和工作难度，牺牲长期的工作成就感和价值感，逐步丧失深度工作的能力。

深度工作除了趋易性工作心态这一障碍，还有个人的本能冲动，即将注意力转移到肤浅的事物上。虽然这种注意力转移会让工作变得没有效率，但是大部分人都低估了这种冲动的频率和力量，以及给自己养成的坏习惯。

（2）如何培养深度工作的习惯

培养深度工作的习惯，关键在于在工作中加入一些特别设计的惯例和固定程序，使得进入并保持高度专注状态时消耗的意志力最小化。

有一本书中提到，影响意志力的神经学依据是心率变异度，而改变心率变异度靠的是冥想、运动、深呼吸和睡眠。运动 10

分钟就可以明显改变心率变异度，所以给精力充电就是在一天24小时里，选择固定的时间冥想、运动、深呼吸和睡眠，比如下午1：00 ~ 1：30午睡，就是非常好的精力充电模式，就像给电动汽车充电一样，人也需要及时充电才能保持旺盛的精力。为下午的工作提供动力，也为深度工作提供意志力支持。

（3）如何把握深度工作的节奏

把握深度工作的节奏，可以控制自己的工作状态。《深度工作》一书中提到了四种方法，即封闭数月的写作或者科研，每周选定几天深度工作，每天选择固定时段深度工作，以及随时进入深度工作状态。每个人可以根据自己的工作特点，选择深度工作的节奏。

我正是在《深度工作》一书的节奏方法论中，找到了写作的节奏，并慢慢践行，后来养成写作习惯的。因为每天要上班，所以我将每天上午作为写作时间，在这个时间段，尽量避免处理烦心的工作，让自己可以保持上午阅读写作的习惯。以前，一上班就开始工作，忙碌一天，精力消耗殆尽；晚上还要陪孩子写作业，情绪消耗殆尽；等到全家人休息了，再去写作，完全没有创造力；现在，每天上午保持阅读写作习惯，这种意识流的沉浸感，让自己很有成就感和愉悦感，下午的工作效率也随之提高，非常实用有效。

工作表现卓越的人，深度工作的节奏是很有规律的，即使他本人并没有意识到这一点。

沉迷于各种手机 App 本身并不会降低你的专注力，而工作中的空闲、无聊和挑战，会让人的专注力从低刺激、高价值的活动转向高刺激、低价值的活动，这使得大脑不能忍受不够新奇的东西。长此以往，大脑的神经回路会发生变化，造成深度工作的时间减少，效率降低，甚至丧失深度工作的能力。

认识到人的趋易性和接近肤浅的本质，克制它们，选择深度工作的时间段，并长期坚持，就可以养成深度工作的好习惯。长期的深度工作会让你的才华展露，有机会在职场闪闪发光。

2.《价值主张设计》

《价值主张设计》一本书衍生自商业模式新生代系列，是一本对创业价值原型思考的工具书，可以概括为四个字——非常实用。对于创业的人来说，通过对客户概况和价值图的梳理，以及对书中其他组合分析工具的使用，可以推出最小化可行性产品，有效把握市场需求，降低创业风险。

这本书并不是针对个人商业模式来写的，但是为了能够作为个人商业模式的参考，我对书中的内容进行了重组。

商业服务商业模式是输出产品和服务，个人商业模式表现出来的也是输出产品和服务，它的内在核心是输出价值。也就是你面对的群体，他们能从你提供的产品和服务中获取怎样的价值。

了解目标群体的工作包括本职工作、社会工作、个人工作、情感工作和支持性工作的主要内容、目标和诉求，它们决定了目标群体的精力分配、收入来源及消费去向，也能发现潜藏的动机。同时，在这个过程中发现客户的痛点和收益。痛点包括不想要的结果、问题、障碍和风险。

获取客户的概况可以通过数据收集、观察、访谈、跟访和相处获得。在访谈中，多提问、少说话，寻求事实而不是观点，多问为什么，寻找深层动机。抱着跟客户学习而不是推销的心态，试着从目标问题中得到解决方案，给访谈客户周边的人提供机会，方便进一步调研和求证。

围绕客户的痛点和收益，进行创意。每个痛点和收益尝试设计不同的产品和服务，从一点到另一点，不需要批判和论证是否可行，那是下一步的事。

在界定个人商业模式的价值主张时，经常有客户说："我觉得我什么都不擅长，或者张嘴只会说我做什么产品，我们公司提供什么服务"，这是典型的对个体与公司认知不清。

在使用价值主张画布时，一定要清晰界定自己的目标群体是谁——你的老板、父母、孩子，还是其他人？你影响的群体是谁？之后再选择输出的价值主张，而不是开启销售模式。

针对自己的目标群体，如果以期望影响人群为目标对象，就要思考痛点在哪里？别人不认识你，那就要寻找解决方案。希望目标对象认同你、追随你，甚至付费购买你输出的服务，那么，他能获得什么价值？这是对客户概况和价值图的思考，这个问题可以用价值主张画布进行分析。这张图也可以用来做职业生涯规划。

<table>
<tr><td rowspan="2">重要伙伴
1.
2.</td><td>关键业务
1.</td><td rowspan="2">价值主张
1.
2.</td><td>客户关系
1.
2.</td><td rowspan="2">客户细分
1.
2.</td></tr>
<tr><td>核心资源
1.
2.</td><td>渠道通路
1.
2.</td></tr>
<tr><td colspan="3">成本结构
1.
2.</td><td colspan="2">收入来源
1.
2.</td></tr>
</table>

价值主张

如果要推荐提升个人价值方面的工具书，这本书绝对能够凭实力上榜，甚至可以跻身三甲。这本书也可以呼应前面写到的如何进行个人定位，个人品牌定位的核心就是输出价值，输出价值的核心就是价值主张设计等问题。通过对这本书的阅读，我将自己的定位概括为，帮助他人通过阅读实现个人成长。

你的个人定位是什么？你到底想要什么？好好思考这个问题，它会引领你逐渐明晰自己的人生方向。

3.《如何想到又做到》

每个人都有一套一辈子都不会改变太多的核心人格。做出持久的改变，并不是要对自己是个什么样的人做出改变，只需要改变你想优化的那些习惯，做到你所期待的那些行为，得到你想要的那些生活。这些改变是指向自己的，并不是指向别人的。想改变别人的人四处碰壁，达成所愿的寥寥无几。想改变自己的人，就阅读这本书吧。

到底是不想改变，还是不会改变？

生病的时候，你能按时服药吗？研究表明：超过 50% 的人无法按照规定服药。人们知道运动对自己有好处，但大多数人无法坚持运动。

怎么办？

要想真正改变行为，就必须明白自己为什么要做这件事，彻底弄明白人类行为背后的科学解释。人类行为分为三类：自动行为、冲动行为和常见行为。

你参加培训课程学到的以下观念，可能与本书秉持的观点背道而驰。

社会心理学家研究发现，人们改变自己的行为，思想才会随之改变。我们要哄着自己的大脑，让它意识到改变可行，然后为你提供能量预算和勇气支持，而不是把你的系统优化卡得死死的，因为不想改变的是你的操作系统——大脑。或者说，是你强大的、保持原状的那部分顽固大脑。

为了实现持久改变，书中提出了 SCIENCE 模型，提供了七种可组合的方法，用来改变自己。

（1）阶梯模型

把要做的事情拆解成小而又小的步骤，一个人便会有更高的成功概率。拆解自己的梦想和目标，将其变成一步步可实现的行为，是阶梯模型的逻辑。当一件庞杂的事情被分解成许多小事情时，就变得轻松且容易实现。

从理性上人们或许都知道自己应该朝着目标迈出一小步，实际上却停在原地或者规划了太大的步子，以至于无法实现。

每一件事都可以拆解成一步步可实现的阶梯。从手头的工作开始拆解，慢慢地就可以训练拆分思路，把握工作节奏，为实现更多、更大的目标打下扎实的基础。

（2）社交磁力

很多人喜欢在朋友圈打卡学英语，这就是社交对一个人的影响，也体现了平台如何利用社交关系做产品营销，同时借社交关系督促客户养成习惯。

社交磁力应用最广的是社群，在社群里要创造社交磁力。如果群里只有四五个人，那就需要每个人都付出努力。大一点的社群需要 15% 的活跃用户参与社交磁力创造，才能让一个群变成活跃的社群。社群里要有 15% 的人成为群内的榜样，如果是 100 人的群，要找到 15 个榜样，以提升群的黏性和活跃度。

我们要利用社交磁力和社群监督，养成习惯。

（3）要事为先

找到对自己来说重要的事。对人们来说，金钱、社会关系和健康在不同年龄段的重要程度不同，但这三件事的重要性在各年龄段基本达成共识。金钱不如想象中那么重要，而社会关系比人意识到的更重要。牢固的社会关系对实现幸福来说是最重要的因素。社会关系让人开心，有时候它比金钱更能让人坚持做事。

生活会让我们产生新的动机，新的做事理由。如果我们把焦点放在真正重要的事情上，也会拥有快乐和幸福。

（4）极度容易

对于大部分人来说，越容易完成的事情，越容易坚持到底，这是人的本性使然。也有一部分人具备消除困难和障碍的能力，因此，即使面对艰难的事情，他们也能坚持做下去。

当然，从这个“极度容易”中，我们也可以解释为什么好人容易作恶，因为作恶比抵抗容易。当作恶成本降低，难度降低时，很多人便会倾向作恶。

减少选择也是让要事为先的做法。太多的选择会让人难以做事。如果让事情变得简单易行，对别人简单，对自己也简单，就容易完成。

（5）行为在前

持久的行为改变，通常并不始于意识告诉身体要做出持久的改变；它始于先做一些小小的行为改变，接着意识到这些改变。

当你想改变自己时，首先要做的不是把全盘考虑清楚，而是从最简单的第一步开始，哪怕错了再改，都比停在原地要有价值。

不必控制自己的想法，只要对自己的行为做一些小小的改变，你的意识也会跟着改变。在改变的过程中，刺激大脑神经元及神经递质不断链接，形成新的行为记忆。

（6）致命吸引

在日常生活中，我们都是以自己习惯的方式做事。如果某件事做完，结果不好，我们便不会再去做；如果某件事做完，结果很好，我们就会坚持，并重复这种行为。

同样的道理，如果小小的改变让你觉得获得了奖励，你就会一直坚持下去。行为改变让人产生的兴奋，在神经学中激发的是多巴胺，是奖励渴望，符合深层的神经学逻辑。

学会将无聊的事变得有趣，就具有了奖励的性质，有助于坚持目标，最终达成目标。

其中，要提示一个幸福临界点——把金钱作为最佳奖励并不适合所有人。虽然很多人会因为没钱遭遇离婚、健康危机，甚至孤独终老，但是以此作为最佳奖励，会让很多人丧失兴趣。没有兴趣的人幸福感知度是很低的。

与传统的金钱奖励相比，越来越多的年轻人看中给世界留下的积极影响，包括细致到工作里的认可度和成就感。如果不能留下积极的影响，很多人会变得消极。比如，喧嚣的网络所带来的负面能量，就是没有产生积极影响的真实情况，或者是对积极影响的感知度过低造成的反转。

（7）反复铭刻

把行为变成习惯，把习惯变成默认。

电脑就像汽车，采用手动驾驶，需要付出大量的思考和操作，可以获得更强的驾驶感。但人们更喜欢自动模式，它无须消耗更多的能量，也无须做更多的思考，因而大脑越来越懒。

为了让大脑保持勤奋，就要一直重复一个行为，让大脑记住它，让它更容易坚持下去。

在这个过程中，可以使用磁力行为，即实施某种行为（穿上跑鞋）将其变成“磁铁”，使得另一件相关且可行的行为（跑步）

发生。

如果你从一件简单的小事做起，不管生活里发生什么情况，你每天都专注地做这件小事，最终会怎么样呢？

我就是从《如何想到又做到》这本书开始，尝试了一些新的行为，并不断地去坚持它们，使它们最终成为习惯。好习惯的养成会帮我们挤掉坏习惯的时间，很多时候，不是我们戒掉了坏习惯，而是被好习惯填满了时间。不知道你会不会去尝试一个新的行为呢？

改变生活方式

如果工作中我们需要不断提高工作能力，优化工作方法，那么生活中，我们就要不断改善生活方式，让自己感到更幸福。我是在遇到《极简》和《断舍离》这两本书之后，开始改变自己的生活方式的。

我的两大嗜好是买衣服和买书。这些年，自己的很多收入都花在了这两项上。自从 2018 年遇到一位朋友给我讲述了她断舍离的故事后，我便重读了《断舍离》那本书，并开始践行。2019 年在我断舍离的过程中，我的意志力增强了，还增加了两个新爱好——更千字文和画简笔画。因为物欲减少了，购物的时间也节省了，可以用来做自己喜欢的事。在此，也特别感谢这位朋友，一次不经意的聊天，就这样改变了我。

改变生活方式，要追问自己真正想要的是什么？

是忙于清洗打理一年四季的衣服鞋子，还是丢掉很多不适合自己的衣服？是开始健身，还是悠闲地喝个下午茶？是忙着打扫房间，还是真正专心地陪孩子玩一会儿？或者下楼踢个球，看一会儿书？

灰尘一直在四处飘荡，就像肆意侵占你时间的魔鬼，战胜它，可能你只需要花钱请一个下午的保洁。但是，丢掉那些占满你空间和心房的垃圾，你会变得轻松而快乐，切记“垃圾分类”。

现在，我们一起看看书中教了我们什么方法，我又是如何尝试读以致用的吧！

> 太多人花费他们尚未赚到的钱，购买他们并不需要的东西，只是为了给他们并不喜欢的人留下深刻的印象。
>
> ——威尔·罗杰斯

我们拥有的物品，带给我们真正的满足了吗？

我们努力拥有更多的物品，以为会因此获得幸福，但实际上呢？

我们的时间和空间被物品占满，拥有的物品越多，被侵占的精力越多。我们为它们分心，记住他们的存在，却不能去做那些真正令我们幸福的事情，也不能跟令我们幸福的人相处，所以我们需要跟大部分物品说“再见”。

我其实很想对处在经济平缓期的人们说，我们需要庆幸，这是我们经营幸福最好的时机。那些被商品营销放大的伪需求，那些被经济繁荣刺激的假欲望，是时候看清它们，把它们打回原形了。

追求极简主义的生活，看起来拥有更少，实际上拥有的更多，人生更喜悦。之后，你的生活会发生很大改变。想象一下：我们将有更多的时间去旅行，让自己拥有更丰满的精神世界，更清晰的思维；拥有更强大的自律力和意志力，更有效率地去解决问题；更强大的财务能力去支持自己的事业；生活变得更有弹性和灵活性，更有时间、精力和财力去追求自己的爱好，生命变得充满热忱，我们变得独立而不盲从。

极简生活三步走：

（1）改变消费理念

在购买物品的时候，我们就像一个孩子，只是短暂地被某种物品的魅力俘获，或者被强行灌输的价值观入侵，而不考虑一旦拥有了它，我们是否会在很长的时间里需要并喜欢它。如果不是，我们完全有必要放弃这样的选择。发现自己真正的需求，是极简主义生活的开始。

（2）改变物质依赖

我们过分相信金钱和物质带来的安全感，实际上它们本身就存在很多不确定性，过分相信会造成物质依赖。追求安全感是造成过度积累的动机之一，另外一个动机是获得社会接纳的欲望。试着将你拥有的东西极简化，你将被彻底解放，从而有机会找到真正的安全感。真正的接纳来自自我，这是一个人成熟的标志。

安全感来自物质财富和具有支持性的关系，这是耶鲁大学心理学教授玛格丽特·克拉克的研究成果，与家人和朋友之间的亲密关系会带给我们快乐，在充满关怀的人际关系中也会感到安全。同时，自己给他人带来安全感和满足感，比单纯构建“私人财富城堡”更有意义。

（3）构建极简清单

将生活里的必需品进行梳理，留下一张极简生活清单并维持。清理物品可以使用《断舍离》里的方法，让自己的生活变得简洁。

《极简》和《断舍离》推崇的理念基本一致，但是前者更注重生活理念，后者更注重方法论。

阅读致用之书，最终的目的是改变。

靠近优秀的人，不要只看见他们身上的光芒，而要看到他们光环背后的自律、坚持和改变，这才是认识优秀的人最有价值的地方。学习别人超强的行动力，永远盯着别人的长处报以由衷的欣赏，见贤思齐，激励自己去学习、去改变。

坚持阅读那些致用之书，通过反复实践，变成自己期待成为的人。虽然读这些书没有读《诗经》《楚辞》风雅，没有读《资本论》《国富论》高深，没有读《史记》《汉书》隽永，但是，在阅读的路上，一边阅读一边实践，不断进化的自己也会让你欣喜不已。

我可能帮不了那些日揽一书的读书大咖，也帮不了执着一类的书痴书迷，更帮不了专注一域的专业大拿。如果阅读分十级，我愿意帮助那些从零到一级、从一级到三级的朋友，推动你们更多地去阅读，去做出一点改变，改变你的意识、行为和生活方式，最终找到你想要的生活状态，成为你想成为的自己。

第九章

思考：读一些“无用之书”

书籍才是每个人真正的灵魂伴侣。

最终改变认识或者形成思想的，是谓“无用之书”。

为什么要读“无用之书”

1. 为精神世界积蓄能量

只读致用之书的人，未免过于功利，缺乏乐趣。因为整个精神世界的知识都是有用的，所以分布得井然有序，信息和知识是用来储存的，它们在一起很难产生精神能量。而人一旦遇到重大挫折，容易出现抑郁、狂躁、焦虑等精神问题，如果自己对这种迷茫无所致知，心里没有积蓄“无用之书”滋养的精神能量，就会饱受困顿之苦，看不到困境的出口和生命的光芒，外人更无从相助。

我经常有意无意阅读一些经典图书，虽然没有什么实际用途，但是千百年流传下来的经典名著，饱含古人的智慧，对于开悟人生很有帮助。“旧书不厌百回读，熟读精思子自知”，这些经典的储备，会在一些重要的人生节点和阶段带给你启发，支撑你走过一段很远的心路。也有一些关于人生观、价值观和世界观的作品，读完看似没有什么用，甚至感觉隔着时空，很遥远，与当下的生活没有任何关联，但是潜移默化中，它已经融入了你的思维和价值体系，对你的认识和判断会产生无形的影响。

除了经典之外，我还经常在书店翻到一些“鸡汤”书。你觉得“鸡汤”书有用吗？这是个特别有意思的问题。你知道人们为什么喜欢看鸡汤文吗？很长一段时间我也心怀偏见地认为，鸡汤文没什么用，还特地批判了这种“无用”的内容。后来，在阅读《大脑赋能术》一书时，我找到了人们喜欢看鸡汤文的原因：这种行为的神经学原理是，大脑的运转需要神经元相互配合，神经元需要能量才能维持运转。神经元里的线粒体是提供能量的基本单元，这些线粒体也需要鼓励。当我们阅读鸡汤文时，信息导入大脑中的神经元，成为线粒体积极工作的精神动力。可以简单地理解为，鸡汤文是大脑听从指挥的“政委”，经常鼓励大脑积极工作，给大脑的各个神经元“小兵”鼓舞士气。

当然，我做的解释非常外行，只是想借这个例子提醒大家，在认识这些生活中常见现象的时候，不要只凭自己的知识体系去理解，用带有偏见的眼光去批判。每种现象都有其背后更深层的逻辑或原理，它们可能来自神经学、生物学、心理学、哲学等领域，阅读能帮助我们不断尝试寻找现象背后的本质和问题背后的原理。

2. 修炼优雅的气质和儒雅的风度

一直保持阅读习惯的人，其气质与不爱读书的人是有显著区别的，可谓“腹有诗书气自华”。一直致力于阅读致用之书的人，在跟他的交谈中，你会感觉到他们的睿智和深刻，但是如果仔细观察你会发现，相较于那些喜欢阅读“无用之书”的人，他们身上的儒雅之气还是会少一些。那些经常读书的女性，她们身上会自然而然地散发出优雅知性的气质；那些经常读书的男性，举手投足间会尽显儒雅稳重的风度。随着年龄的增长，读书与否带给人的差异会越来越明显。在人群中，读书人也很容易被发现，这不是容貌带来的吸引，而是一种文雅的气场。

3. 增加生活的休闲乐趣和情感体验

读一些能放松大脑的书也是非常有趣的心理体验。喜欢读小说的人不在少数，小说是能够最快让人入境的作品，吸引人一直读下去，越好的小说这一点表现得越明显。不管是侦探、科幻、玄幻、武侠还是言情，尽管选择你喜欢的小说读起来。一两个小时很快就过去了，不管你有怎样的工作压力，或者怎样的生活烦恼，沉浸在书中很快就会忘记。当你从书中再回到现实时，往往也会有所领悟和感叹，很多困扰自己的问题也会有所缓解，甚至迎刃而解。虽然我们的心事并没有对外人讲，但是“包袱”却自然地抖落在阅读的过程中，身心的压力得以暂时缓解，仿佛通过对小说人物命运的理解，也理解了自己的人生。有时，书中的方法和启迪还能让我们突然开窍，想到解决之策，心中的烦恼之事随之一扫而空。

当然，还有另外一种体验，就是很多经典名著尤其是反映社会现实的作品，会将人带入小说的故事情景中，读起来特别压抑、苦楚，仿佛化身书中的人物角色，心情会被作者的写作技巧带动，情绪高低起伏，慨叹书中的人物无法掌握自己的悲惨命运，只能任凭命运的安排，令人无可奈何。尤其是莫言的《丰乳肥臀》和郁达夫的《春风沉醉的晚上》这一类小说，传递的情绪更加沉郁，早已注定的人物命运以及面对社会现实的无奈和沉重，深深触动读者的心弦。每次读完这一类小说，我总是很久才能从悲惨的情境中走出来。

4. 开阔视野，拓展心灵境界

不管你读到关乎人类命运的“幽咽泉流冰下难”，关乎军事成败的“大弦嘈嘈如急雨”，还是关乎爱情的“间关莺语花底滑”，抑或是关乎历史的“嘈嘈切切错杂谈”，都是不一样的精神体验。从各种各样的作品里体会幽暗多面的人心，目睹残酷无情的战争，体验悲喜交加的爱情，经历波诡云谲的历史，这些都会在我们孤独的生命里，交织成一个宏大的内心世界。

每个人都是一段历史时期的一个小人物，不管你身居高位，还是平凡普通，在漫漫历史长河里，都非常渺小。在目睹和经历很多事情发展的过程中，你会感受到个体的渺小，会更加珍惜健康和生命，不去计较太多的功名利禄和物欲得失。在不断阅读中，增加自己生命的厚度，得以体验到自己饱满、起伏又豁达的一生。

开启“无用之书”的阅读之门

前面的章节我花了很多笔墨在写致用之书，因为现代社会很强调实用性，强调学以致用。工作和生活中也的确需要实干能力，在面对困难时能够解决问题，让我们能在这个世界上得以安身立命，越年轻越需要具备这样优秀的能力。

现实情况是，我们从小学到大学，培养了十几年的阅读能力，但是工作以后，很多人的阅读能力反而丧失了，这也是一件很令人费解的事情。是我们获取了什么法宝，让我们放弃了性价比这么高的阅读能力吗？

工作和生活中经验的积累代替了阅读，行万里路的经验代替了读万卷书的智慧，工作的繁忙让我们只有在需要提高能力和解决问题时才会去读致用之书，以求寻找工具和方法。快节奏的生活和工作的压力，让我们慢慢远离了“无用之书”，我们也慢慢教会自己——我需要休闲放松，不需要阅读，不需要系统阅读，进而让我们无暇思考作为一个独立生命的本来意义。

致用之书为你带来人生进化；“无用之书”为你带来开阔境界。只读致用之书，你会觉得自己越来越厉害；兼读“无用之书”，你会觉得自己越来越谦卑。

开启“无用之书”的阅读之门，必须以兴趣为敲门砖，因为“无用之书”没有实用性。这类书的阅读时间很容易被其他事情挤掉，所以一定要靠兴趣的支撑或者有意识的自我说服才能坚持，即使自我说服也一定要以兴趣为引领，否则自我说服很快就会丧失说服力。记住：无论你喜欢的是小说、散文，还是漫画、艺术，或者是其他类别，由着自己的爱好任性地去阅读就好，放下阅读致用之书的功利心。

慢慢地，再尝试从你阅读的这类“无用之书”中找到你喜欢的这些书之间的关系，然后用一定的形式整理出来。比如，将自己读过的作品通过作者串成一串“葡萄”，比如，将村上春树或者东野圭吾的所有作品通过主角串成一串珍珠，再比如，民国时期的很多文学家都相互认识，就可以将这些文学家和他们的作品绘制成一张关系网，感受这些作品之间的关联，会让你从兴趣慢慢地向主题阅读靠近。

我个人比较喜欢民国大家的作品，经常沿着人物关系图来寻找作品，这也带给我很多乐趣。在评论一个历史人物的时候，人们喜欢盖棺论定，以为这样就意味着客观。其实不然，那无非都是些后世的评论，其本人没有了反驳的机会而已。我一直认为，对每一个历史人物的评价都应该是多角度的，单一角度的评价过于片面，口径一致的褒扬和贬低也值得怀疑。硬币都有两面，何况是人？

在阅读过程中，大家可能会被这样一个问题困扰，就是作家和作品之间的关系到底是什么？在人品、人性、作风和作品之间，评价就像一个旋涡，将人物卷入其中，也将其作品卷入。社会上还有一种风气，如果对这个作者的评价呈现两极化，很多人即使不认识作者，没读过他的作品，也会生出很多评价来，如果你跟他持不同观点，他还会把你一起“盖帽”了。

对于这个问题，我是这样理解的：西瓜的藤那么细，为什么能结出那么大的西瓜？即使作者人品有瑕疵，灵感的种子也得借泥土、牛粪才能长出碧绿的叶，开出鲜艳的花。这个世界上本来也没有完人，不必对作者苛求太多，只需感恩他创作出的优秀作品即可。

在读民国时期的作品时，尤其如此。因为年代比较近，这一时期留下的作品也比较多，很多经历、故事、逸闻趣事都会随着图书流传至今。

现在，我们就在兴趣的驱使下，从一部纪录片《先生》的脚本出发，去叩门拜访那一位位留下作品的先生们。

“莫放春秋佳日过，最难风雨故人来”，这一句最写意的诗句，如果是以民国为背景，你能读出几种情怀?

民国像一个有风度、有气节，又有人格的老成少年，他接受新事物有些守旧，在风雨飘摇的战火年代，才华横溢却英年早逝。他留给我们的不只是中国历史上短短几十年的历史记忆，他承前启后，带给我们积极而深远的影响，怀念民国，如同追忆那个才情并济的纳兰容若，他的形象、气质、学养、修为像极了一个活生生的人，似一个熟识的老朋友，让我们心生眷恋，这就是我们的民国情结。

民国的历史短暂却波澜壮阔。在战火连三月的硝烟里，先生们成为民国留给现代的一座永久丰碑，他们救国图存的赤子之心，献身教育的一腔热情，不逐名利的铮铮风骨，在历史的长河里留下一个个伟岸的身影，直让后人追慕。

《先生》是根据其纪录片整理而成的一本书，内容翔实，细节颇多，生动再现了民国时代先生们的生活状态、教育主张和人生经历，音容笑貌跃然纸上。读《先生》一书，如同叩开民国的教室，听先生们认真投入地授课，阳光洒在书桌上，听得人心潮澎湃。纪录片前十集选定了十位人物：蔡元培、胡适、马相伯、张伯苓、梅贻琦、竺可桢、晏阳初、陶行知、梁漱溟、陈寅恪。不知道导演和制片出于什么考虑，没有将傅斯年、蒋梦麟和钱穆三位选入。

（1）“任性”校长蔡元培

在书中所列的十位先生中，蔡元培是最“任性”的校长。在北大任职的 10 年，虽然 7 次辞职，学校却照常运转，原因在于蔡元培推行了教授组成的评议会，这是学校的最高决策机构，保障了北大的运行活力。当然，那时的社会也很任性。那 10 年，北洋政府总统换了 5 次，内阁总理换了 30 次，可见时局之动荡。在这样的政治背景下，从事教育工作是何等艰苦和困窘，这也就难怪蔡元培能那么“任性”了。

蔡元培说：“时事问题因缘负责，今日见一问题以为重要，进而又会看到比此更重要的问题，以此往复于政治问题，则无法尽萃学术。”蔡元培主张思想自由、兼容并包的教育办学理念，聘请了一大批国内知名专家学者，其上任不到 1 年，北大气象即焕然一新。因为主张思想自由，所以保守派、维新派和激进派都有机会争一日之短长。他对北大的改革创新，奠定了中国新式教育的基础，他提出的学术自由理念也成为现代大学追求的目标。

（2）总统候选人胡适

胡适是书中几位先生中最为宽容温厚的。1948 年 3 月底，蒋中正提名胡适为总统候选人，胡适答应了，但仅一天之后就拒绝了。当然，最终因为党内反对，胡适与总统之职擦肩而过。我想他也不会后悔，从本心里他也认为自己不适合君临天下，更适合教书育人。胡适的主要思想是，做学问要在不疑处有疑，待人要在有疑处不疑；做学问要大胆假设，小心求证。

他坚持没有学术自由，就不会有学问，奉行多研究些问题，少谈些主义的价值观。本来他会成为与鲁迅比肩的思想文化大家，但 1950 年开始对胡适思想进行批判，许多胡适的学生、朋友和同事也都纷纷参与口诛笔伐。这场运动之后，胡适几乎消失在中国大陆思想与文化的天空里，如今这片天空依旧只有鲁迅先生这面孤独的旗帜迎风招展。他说过：“同是曾开风气人，愿长相亲不相鄙”，而事实是他的晚年被彻底清算，“念天地之悠悠，独怆然而泣下”。庆幸在多年以后，我们能够客观地追忆这位尊师先老，庆幸历史能够还本存真。

（3）南开掌门张伯苓

笃信教育救国的张伯苓，22 岁已经是清朝学部左侍郎严修家里的教书先生。严修敏锐地捕捉到了张伯苓对教育事业的热忱和决心。依托严修殷厚的人脉，张伯苓的教育事业以繁景开端，创办了南开中学、南开大学、南开女子中学等南开系列学校。南开校训“允公允能，日新月异”，是张伯苓与严修共同的教育理想。

“惟其允公，才能高瞻远瞩，正己教人，发扬集体的爱国思想，消灭自私的本位主义。惟其允能，才能做到最能，必须有现代化才能，才能建设现代化国家”。所谓日新月异，就是每个人不但要能接受新事物，而且要成为新事物的创造者，不但要赶上时代，还要能走在时代的前列。

如今这条近百年的校训依旧激励着南开学子和现代人追求科技与创新。但令人悲哀的是，张伯苓曾因为被批判而不被欢迎参加南开校庆日，晚景之凄凉，让人欲哭无泪。他的骨灰也是历经三十八载，才魂归南开园。一代教书育人的巨匠，在历史的沉浮里荣辱共存，令人唏嘘不已。

（4）一代鸿儒梁漱溟

梁漱溟一生致力于研究儒家学说和传统文化。他曾说过一段发人深省的话："在人格上不要轻易怀疑人家，在见识上不要过于相信自己。"如今这段话被很多人奉为座右铭。

在东西方文化观上，梁漱溟主张把孔子、孟子、王阳明的儒家思想，佛教哲学与西方伯格森的生命哲学糅合在一起，因此他的言论与鲁迅的言论激烈碰撞，虽然表面对立，但实质上是中国思想界在当时情况下的两极，因互补而共存。他坚持自己思考人生，在时代变迁里直道而行，其人格魅力和学术坚持可见一斑。即使在"文革"中饱受批判，依然不改初衷，令人十分钦佩。

夜读《先生》一书，既崇敬又不免心生悲凉之感。先生们秉持"独立之精神，自由之思想"办学育人，不论是治学还是做人，都不违心而为，不唯名利而动，一辈子心无旁骛，专注教育事业，令后辈高山仰止。时过境迁，我们仍然将先生们视为独立于世间的学问大家，恐再难有人抵达他们那样的境界了。

先生们举手投足间都体现着东西方文明荟萃、融合的知识学养，那是一种底蕴深厚的民国风度。在晚清民初的历练里，自在自然的本性流露，这也是我们内心眷顾的民国情结所在。

从胡适出发，我开始绘制民国人物关系及作品图，详见第三章。

沿着民国的历史再往前走几步，便会遇到一位近代中国的传奇人物，他的老师闻名遐迩，他的学生众人皆知，他的儿子名动国内，连儿媳都是一代传奇。他做过政界高官，还经商投资，他写的诗气壮山河，他写的书广为流传，他就是这样的一朵奇葩（现在用这个词还真别扭），让人无不为之惊叹，他就是梁启超。

《梁启超传》是知名评论家解玺璋的作品。读此书感觉到作者为了尊重历史，尽量翔实引用史料的严谨态度，也叹服作者的写作风格。不过疑问还是有的，上下两册用墨极多地介绍了20余位人物，包括他的祖父、父亲、子女、妻妾、恩师和13位朋友，其中，相较于恩师和朋友，对梁启超的亲人用墨并不多。

梁启超最早受到祖父的影响，祖父梁维清为梁启超讲授了“四书”，从小在他内心就种下了爱国情怀、民族大义、社会责任与仁爱之心的种子。父亲梁宝瑛与母亲赵夫人的教育也不是知识灌输和功利诉求，更多的是在立志和做人，使梁启超从小就志存高远。

梁启超对子女的教育也体现了父辈们的教育特点，注重将儒学作为子女教育的根基，又吸收西方的教育思想，培养了9个优秀的儿女，其中3人是院士，满门俊秀。如果用现在的媒体传播影响力，肯定将他包装成子女教育教父级人物，各地开讲座，估计比任何大咖都要火爆。只是在戏谑的对比下，现在的家长有几人能像梁启超一样，对每个孩子的教育都极尽用心，有家庭文化的熏陶，有家风的传承呢？

康有为是梁启超的恩师，对梁启超一生的影响极为深远。康有为先后写了《新学伪经考》和《孔子改制考》两部作品，都是在尊孔名义下写成的。前一部把封建主义者历来认为神圣不可侵犯的某些经典宣布为伪造的文献；后一部把本来偏于保守的孔子打扮成满怀进取精神，提倡民主思想、平等观念的人。康有为的这些看法，虽然现在看来不够科学，但他的改革精神却在知识界产生了强烈的震动和反响，它满足了人们讥切时政、解放思想的需求，在国家积贫、列强瓜分的年代里，激发了热血青年的胆气。这些对梁启超的影响是非常巨大的，是梁启超放弃科考的思想动力。

后来的公车上书、强学会、保国会以及百日维新，基本都是以这样的舆论和意识形态为主要价值观。但是，随着百日维新的失败，康梁的思想出现了分歧。康有为一直坚持尊孔保教，使得二人的思想分歧越来越大，二人关系渐行渐远。从时代发展来看，二人都是为国奔走的仁人志士，只是性格与认识上的差异造成了两人命运的不同。

梁启超认为，中国人缺少爱国心是国家积弱的最大根源。造成今日之国民者，则昔日之政术也。

书中四段论，言简意赅，所述也晓理通达。

（1）驯之之术：国民教育，目的是使其国民失去本性，心甘情愿做一个顺民。

（2）餂之之术：以功名利禄诱惑国民，一国之中最有才智者，皆入其彀中，求取富贵，以致出卖人格与自由。

（3）役之之术：官吏只向国之一姓大户负责，而不是国民负责，以致深信率土之滨莫非王土。

（4）监之之术：担心百姓造反，以军队监督，以法律约束。所以清朝之军队不能抵御外侮，只能防范“家贼”。

如此清晰明了的论断，博古通今无须多言。

梁启超在当时那个朝代可谓一呼百应，之后他的社会地位与历史影响也与此密切相关。因为我对民国人物有浓厚的兴趣，所以特别想穿越到民国去看看，也特别渴望认识这位思想大家。天津和重庆这两座城市就代表着民国的一部分过去，读完《梁启超传》，当我有机会来到天津，便去寻访了留下民国痕迹的五大道。我怀着崇敬的心情推开一扇门，那个为我开门的尊者便是梁任公。

遇到一座城，如同遇到一个人，对的心态、对的时间，才能相互读懂。任公的名字最近极其频繁地出现在我的视野里，无论是《中国文脉》《林徽因传》，还是《中国近三百年学术史》《梁启超传》，都反复出现。从《少年中国说》烙印在童年的我的脑海，到如今叩门拜访，我一步一步走近这位中国近代史思想家、媒体先驱和可爱的父亲。

梁启超故居位于民族路44号，寓所为意式两层砖木结构楼房，建于1914年。主楼为水泥外墙，塑有花饰，异型红色瓦顶，石砌高台阶，建筑面积1121平方米。书斋“饮冰室”为浅灰色两层洋楼，建于1924年。首层为书房，二楼做卧室和会客。梁启超后期著述均于此完成。“饮冰室”系意大利建筑师白罗尼欧专为其设计，造型别致、典雅。我一直以为是后期重建的，但是经过查证，确是保存下来的原始建筑，经过了维护加固和重新修缮。

此行，感触颇深，对于任公留下的诸多精神财富在去过他的故居后，我有了一种要认真阅读的动力和压力，似乎时空交错里，任公放了一叠书稿在我手上，希望我认真阅读。

穿过利顺德大饭店的新前台大厅，鼻子里都是五星级酒店一般无二的香气，除了开阔的房顶和吊灯，不懂建筑的我不觉得有何异同，然而看着那一排排熟悉的名字，才知道它所经历的百年历史。那些曾经在历史长河里翻云覆雨的人——李鸿章、孙中山、宋庆龄、周恩来；那些落后被欺的条约也曾在这里被签署——中丹条约、中荷条约；那些莺歌燕舞的爱情也曾在这里演绎——溥仪与婉容、张学良与赵四小姐，展厅里安放的钢琴见证了他们的爱情。

天津的气质源自民国，现在的五大道依旧散发着浓重的民国时期的气息。五大道有很多故居，由于是私宅，所以设计风格也都极具个性，各式各样的建筑成为天津的名片，历经沧桑，依旧散发着璀璨的旧城魅力，从这里可以窥见当年津门的繁华与鼎盛。

在睦南道和香港路的拐角处，是一幢三层砖木结构的小洋楼，属英格兰庭院式建筑，由华信工程公司中国工程师沈理源设计。门牌是睦南道 11 号，原为天津市团市委办公所用，20 世纪 20 年代张作霖三夫人许氏曾在这里居住。这个在史书中被冠以奉系军阀之称的人，于 1928 年 6 月 4 日在皇姑屯事件中被日军炸死。在那个战火硝烟的年代，是非功过早已灰飞烟灭，只留下一幢安静矗立的老房子，在时光里唤起人心的穿梭。我仿佛看到一个穿旗袍的女子在路口挥手，恋恋不舍地看着一代枭雄的绝尘而去，那离去的是一段永不回头的历史。

孙殿英的旧居就在张作霖三夫人旧居斜对面。孙殿英在历史上的评价似乎很差，做匪盗墓，制毒贩毒，曾对国共保持中立，后被国民党收编，最后被解放军俘虏。这跌宕起伏的人生，是那个六神无主年代的生动写照。不管历史如何光怪陆离，如今只有亭台楼阁在。

重庆道 55 号是按照中国四合院的思路建造的西式洋楼，是庆亲王载振从太监小德张那里购买的。载振在此地吸食鸦片、玩花鸟、宴宾客、办堂会，极尽奢华，而开支多从他经商所获财富中提取。他是清朝末代皇家子孙的代表，也是没落皇朝皇亲国戚的生动写照。

天津五大道地区最有特色的建筑当属疙瘩楼。疙瘩楼是由疙瘩砖砌筑而成，砖是深褐色的，不怕碱蚀。疙瘩楼的修建还有个有趣的故事，20 世纪初，津西有个窑厂，生产青砖和红砖，有一窑砖烧过了头，把砖烧成了瘤子，形成了疙瘩砖卖不出去。这些砖被意大利建筑设计师保罗·鲍乃弟发现，于是低价买下，修建了具有浓郁的意大利风情的小洋楼，楼体外檐里面巧妙地用疙瘩砖做点缀，建成了疙瘩楼。后因四大须生之一的京剧表演艺术家马连良居住于此而闻名于世。如今这座疙瘩楼被贴上了许多瓷片和瓷瓶以及佛像，显得不伦不类，让人啼笑皆非。

马场道 76 号有一座欧洲中世纪古典罗马建筑，它曾经是著名外交家颜惠庆的寓所。颜惠庆曾担任驻美、英、德、法和苏联大使，他反对日本侵华，在国际上谋求对华的支持，也曾受李宗仁委托参与北平和谈。新中国成立后担任全国政协委员等要职，在历史上留下了生动的一页笔墨。

当然，五大道还有很多生动的故事，如同没有被谈及的主人和建筑一样，鳞次栉比的小洋楼依然在风雨中矗立，惹人瞩目，而故人已辞津门楼，硝烟战火早已尽，白云灰霾空悠悠。

打量着这一幢幢陌生的建筑，曾经的军阀买办、前朝遗贵、艺人名伶和下野政客都云集津门，穿梭在这当年的高端住宅区，在汹涌的历史大潮里随波逐流，泥沙俱下，最终无影无踪。旧人已乘黄鹤去，历史却咫尺之近，冲撞心灵，冲击眼帘，我仿佛能看到驶过的老车和昔日的繁华。人是不能忘记历史的，忘记只能重蹈覆辙。

我提着梦想的小橘灯，边读万卷书，边行万里路，好奇又崇敬地触摸一个个曾经在书中似曾相识的城市，每个城市都有它独特的气质，对的时间、对的时机，便能豁然读懂一座城。

读万卷书，行万里路。人在这个世界上安身立命，需要致用之书提高个人能力、应对外部环境、建立社交关系、获得人脉资源，同时积累财富。但是，衣食无忧后，人还有一个精神世界需要时时关照，人的心境、品格、修养和气质皆由“无用之书”塑造而成。这一生的修行和参悟，没有“无用之书”的陪伴，是很难达到智慧的境界的。让好书陪伴自己，好书才是每个人真正的灵魂伴侣。

关于企业读书会

✧ 你们单位经常给员工发书吗?

✧ 你所在的单位组织过读书活动吗?

✧ 你认为的企业读书会就是大家一起拆书吗?

✧ 老板要在企业内部推广阅读，这事儿让你负责，你感到两眼一抹黑……

✧ 企业里爱读书的员工很少，组织阅读活动大家参与度不高，怎么办?

✧ 企业内部有漂亮的图书馆 / 职工书屋，但使用率比较低，怎么办?

……

企业读书会是企业为了打造学习型组织，营造企业内部的阅读氛围，提高企业凝聚力和战斗力，满足员工的阅读爱好和精神文化需求，提高员工的幸福指数，为员工长期赋能，以促进全员阅读能力提升为核心目标而系统策划组织的长期品牌项目。最终，企业读书会将与企业文化有机融合，成为企业员工自主成长的学习平台。

企业读书会的价值是什么?

首先，阅读帮助员工提升解决问题的能力。在当下这个充满不确定性的环境里，市场变化很难预测，企业已经很难用过往的方法解决那些前所未有的新问题，而且新问题还在不断涌现，这对每家企业都是严峻的考验。企业需要员工保持发现问题的敏锐性、分析问题的思考力和解决问题的执行力，保持不断阅读学习、自我成长的状态，可以激发个体的创造力，帮助企业解决各种问题。

其次，阅读帮助员工拓展思维和视野。我们所处的时代，面临着各种各样的冲突，企业内部也会有各种各样的矛盾，冲突之下人很容易陷入偏执，多读书能够拓展思维和视野，形成多角度看问题的思考方式，更容易接近事情的本质，看待事情会更加客观，也会更容易协调各种关系。

最后，阅读帮助企业打造学习型组织和积极向上的企业文化。包容开放的企业文化可以给员工提供更多的成长空间，激发员工自主阅读学习的能力，为员工赋能，帮助企业积极面对风险，应对市场变化，跟上这个日新月异的时代，甚至走在行业创新发展的前沿。

每家企业都需要一个内部读书会。

融合十几年企业读书会策划运营经验，我们系统开发了“企业读书会策划运营 25 讲”版权课程，已经在喜马拉雅 App 上线，进入喜马拉雅 App，搜索“阅见徐公子”即可。如果你对企业读书会的策划、运营有困惑、有想法，可以添加右侧微信号进行咨询：

写在最后的话

4 年前，我一边创业，一边带娃，天天疲惫不堪，睡眠质量也不好。我尝试了《睡眠革命》里推荐的 90 分钟睡眠周期理论，没想到，一段时间的刻意坚持后，我变成了一个每天可以睡 6 小时就精力充沛的人。

睡眠时间短了，但依然有忙不完的事情，工作常常会被各种琐碎的事情打断，我急需提高自己的专注力。这时，我偶遇了凯利·麦格尼格尔的《自控力》一书，这是一本切实可行的自控力改善手册，我逢人就推荐。

之后，我开始跑步、健身、做瑜伽，提高自己的精力值。在几乎每天都运动的那段时间，《运动改造大脑》走进我的视野恰逢其时。

精力好了，工作顺了，我又将视线转向生活，《断舍离》教会我放弃，我一点点实践，于是家庭空间变得宽敞，仿佛淤泥堆积的池塘慢慢变得清澈。

生活的舒适让时间也变得富余，这让我有机会创作了两本跟阅读相关的书，其中一本就是《阅读树：个人阅读力升级指南》。同时，我开始组织阅读工作坊，帮助别人提升阅读能力。在这个过程中，遇到了我特别喜欢的《演讲的力量》，这本书对我的演讲水平的提升大有帮助。

在慢慢积累了一些影响力之后，我意识到现在正是经营个人品牌的最好时机，此时，我读到了秋叶老师的《个人品牌7堂课》，这本书比起我之前创作的《重新定义个人品牌》更加注重方法论的总结和案例分析，更加能够学以致用。

一路走来，我发现良缘尽在书中，不禁欢喜，期待你也能与其早日相遇。

如果你想知道那些影响我成长的书，请关注我的微信公众号，回复“私藏书单”，就可以看到这份书单链接了。